# 制胜桥牌倒计时

[澳]蒂姆·伯克 [英]马克·史密斯 著
黄水怒 康 蒙 译

成都时代出版社

四川省版权局
著作权合同登记章
图进字 21-2016-227 号

图书在版编目（CIP）数据

制胜桥牌倒计时/(澳）蒂姆·伯克，（英）马克·史密斯著；
黄水怒，康蒙译. --成都：成都时代出版社，2016.9
ISBN 978-7-5464-1693-9

Ⅰ.①制… Ⅱ.①蒂…②马…③黄…④康…
Ⅲ.①桥牌-基本知识 Ⅳ.①G892
中国版本图书馆 CIP 数据核字（2016）第 170202 号

制胜桥牌倒计时
ZhiSheng QiaoPai DaoJiShi
[澳] 蒂姆·伯克 [英] 马克·史密斯 著
黄水怒 康 蒙 译

出 品 人 石碧川
责任编辑 曾绍东
封面设计 陈二龙
版式设计 陈二龙
责任校对 陈 硕
责任印制 干燕飞

出版发行 成都时代出版社
电 话 （028）86619530（编辑部）
（028）86615250（发行部）
印 刷 成都蜀通印务有限责任公司
规 格 165mm×230mm 1/16
印 张 11.25
字 数 160 千字
版 次 2016 年 9 月第 1 版
印 次 2016 年 9 月第 1 次印刷
印 数 1-5000 册
书 号 ISBN 978-7-5464-1693-9
定 价 30.00 元

# 前言

在做庄和防守方面，顶尖牌手的优势何在？也许是感觉和天分？幸好对于大多数牌手而言，确切的答案一点也不浪漫——他们取得好成绩主要是靠艰苦的努力。为了抉择最佳攻防路线，必不可少的第一步是搜集看不到的几手牌的信息。只有当你对四手牌有了图像化的了解，正确的打牌路线才会浮现。

在这本精彩的书中，蒂姆·伯克(Tim Bourke)和马克·史密斯(Marc Smith)展示了如何“计算这手牌”，发掘出看不见的牌型分布和定位关键大牌。他们清晰地解释了最新的防守信号如何使防守方互相给同伴计算依据。书中实战牌例很多，许多是取自大型锦标赛，示范了怎么从获取信息中得利。

如果你打了多年桥牌却从不计算，你将会进入一个新世界！以前做庄与防守对你来说只是例行公事，现在你得下点功夫，但打牌技术的进步会让你觉得物有所值。

大卫·伯德(David Bird)

# 目录 Content

# 第一部分　基础

有经验的牌手可能准备只是翻阅一下甚至越过讲解实战计算技术的第一部分，直到发现他们希望读到的具有挑战性的内容。但我们估计即使是这些牌手，也能在前面的章节中发现有用的东西，他们也许不该完全忽略它们。

# 第一章 为什么要计算?

你还记得自己在第一堂驾驶课上坐到方向盘后面的情景吗？和我们一样，你可能不知道该如何观察交通状况，并同时把车开到想去的地方，更别说怎么开启雨刮器和信号灯了。对于很多牌手来说，“计算”这个词似乎会引起困惑和恐惧的感觉。这有点奇怪，因为小孩子也能数到十三。好消息是，通过练习，在牌桌上计算可以变得像开车或者骑自行车一样自动化的程序。在本章中，我们将演示如何学会这一技能。

你第一次打桥牌时，可能会发现自己僵在那里，因为有太多的东西需要思考，但你不知从何着手。你的计算大牌点，并且被告知随着叫牌进展还得加上牌型点。你还要从同伴的叫牌中了解他的实力，再加上你自己的。明手的牌摊出来以后，你留给计算自己的赢墩和输墩、外面还有几张将牌的精力已经所剩无几。很快，你就能够形成自动计算打出过几张将牌的习惯。从这时起，算出外面还有几张将牌只是一小步——你的计算生涯就此开始。

在打牌过程中计算有几个方面，我们都是从计算打过几张将牌开始的。获得更多经验之后，我们学着注意一门以上花色打过几张牌，比如说知道明手剩下的那张小方块是不是赢墩。掌握这些基本计算任务之后，我们学习计算敌方的牌。本书从一开始就致力于如何计算——通过建立计算模式，书中的牌例将逐步增加难度。本书的第一个牌例，即使是对非常缺乏经验的牌手也毫无困难；但它会让我们引进一些有用的理念：

南北有局

首攻:♣K

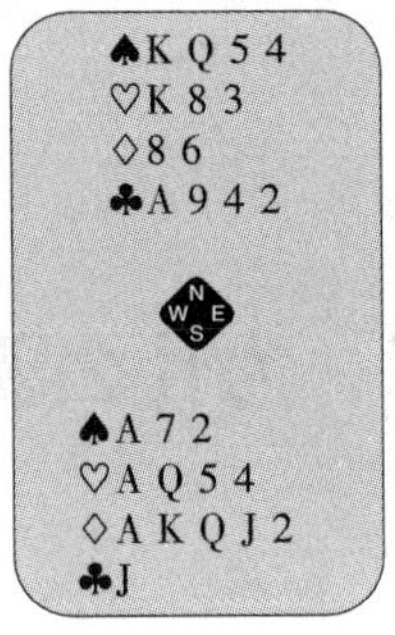


| 西 | 北 | 东 | 南 |
|---|---|---|---|
| | 1♣ | 不叫 | 1◇ |
| 不叫 | 1♠ | 不叫 | 4NT |
| 不叫 | 5◇ | 不叫 | 5NT |
| 不叫 | 6♡ | 不叫 | 7NT |

全不叫

你必须训练自己计算你的赢墩，即使是在简单的定约上也是如此。这是我们每个人在初学时都被教导的事情，也是专家牌手们在每一副牌上都要做的事情。这里你有十一个顶张赢墩——一墩梅花、四墩方块、三墩红心和三墩黑桃。你希望第十二墩来自第五张方块，第十三墩来自任何一门高花 3–3 分配(更有经验的牌手会注意到挤牌的机会，我们在这副牌上暂且忽略它，把注意力集中于计算程序)。

西家首攻♣K，你用♣A 赢进，马上尝试方块。你在计算将牌时学会的技能使你一只眼也能轻松算清方块的分布，但还是值得简单说一下应该如何计算防守方的方块。

用十三减去你们的七张方块，你知道防守方有六张。虽然数到六似乎不难，但从这门花色的分布上考虑还是更容易些。在本例中，防守方的方块分布有 3–3、4–2、5–1 和 6–0。两个防家都跟出第一轮方块后，你可以剔除 6–0 分布了。你兑现第二轮方块时，每个人再一次跟出。现在这门花色的分布必然是 3–3 或 4–2，你无需关心剩下的方块在谁手里。与计算到十三或六相比,你只需数到二!

现在你的长方块已是赢墩,你有了十二墩,只需要一门高花好分布。你该怎么打下去?较有经验的牌手会兑现全部方块赢墩,让明手垫梅花,留意敌方垫出了任何高花。也许你已经注意到,防守方在每门高花上各有六张牌,每一张高花牌出现后,你都需要从这门花色在外的牌中减去一张。

在你养成习惯之前,注意两门花色可能太难了——也是不必要的。选择关注一门花色——比如说红心。兑现完你的方块后,再打红心顶张。因为你计算了这门花色,知道暗手第四张红心是否是赢墩。如果是,你的问题已经解决了。如果不是,连打四轮黑桃希望有最好的结果。

通过练习,这些基本计算将变成自动的程序。进步到超过初学者水平后,大多数牌手无需刻意思考就能完成它。学习计算一手牌的下一步,是发掘敌方的分布。要体会这一优势,你可以试着拿几手牌,把防家的牌像明手的牌一样摊在桌上。

你第一次尝试计算一个防家的牌型时,虽然所有的信息都到达了你的头脑,还是会觉得这是个不可能的任务。就像大多数事情一样,这只是个练习问题。让我们通过一个简单牌例大致说明你需要追随的思考程序。如果你自认勤勉,请坐在南家的座位上,遮住东西家的牌。

南北有局

首攻:◇10

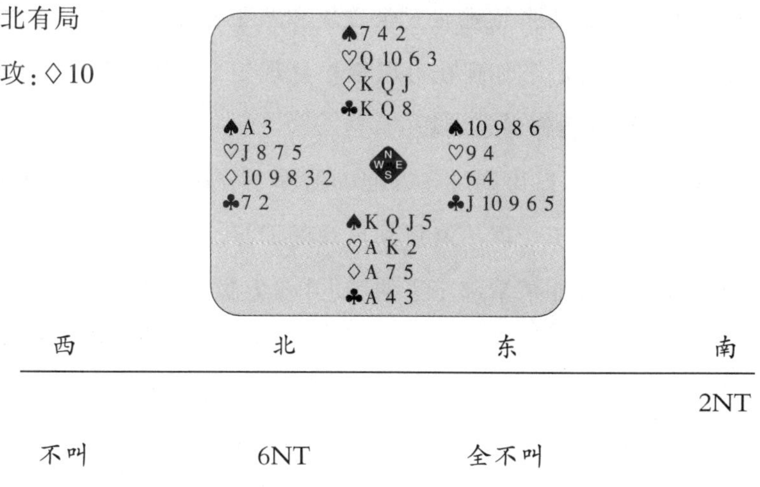


| 西 | 北 | 东 | 南 |
|---|---|---|---|
| | | | 2NT |
| 不叫 | 6NT | 全不叫 | |

像往常一样,打牌之前先计算你的赢墩。在每手牌上都这么做,很快就会成为习惯。这里你的顶张赢墩有三墩方块、三墩梅花和三墩红心,顶出♠A 可以得到两墩黑桃。这总共是十一墩,所以你需要再找到一墩。额外的一墩肯定要从黑桃或红心中来。

现在开始打牌。你让明手赢进方块首攻,打黑桃到♠K,输给西家的♠A。赢进续攻的方块,现在是兑现赢墩看看能发现什么的时候了。先取黑桃顶张——如果这套 3–3 分布你已经有十二墩了。注意观察是否每个人都跟出三轮黑桃(记住:数到三比数到六容易)。

西家在第三轮黑桃上垫了个方块,现在到了另一个你需要停下来思考的节点。黑桃分布不佳,你的第十二墩只能来自红心。你应该打三轮红心顶张希望这门花色 3–3 分布,还是应该兑现♡AK 再飞♡J 呢?

答案是现在决定为时尚早,还可以发掘信息帮助你做出决断。为此,要把黑桃分布记住——左手敌方只有两张。

你打光低花赢张,东家在第三轮方块上告缺,这意味着左手敌方最初有五张方块,现在你已经知道了七张西家的牌——五张方块和两张黑桃。你兑现梅花时,西家第三轮垫方块,你几乎已经到家了。剩下的事情只是数到十三。

西家的原始持牌是两张黑桃、五张方块和两张梅花——在红心之外有九张牌——所以是四张红心。你现在可以轻松兑现♡AK,如果♡J 没有跌落,就打红心到♡10,你知道飞牌肯定成功。

在这手牌中,我们可以得到防守方准确的牌型分布。这不是总能做到的,但并不意味着少许发掘工作就不能得到可观的回报。下一手牌说明了为什么任何计算都强于不计算。请拿起庄家的牌,并盖上防家的牌。

南北有局

首攻：♠7

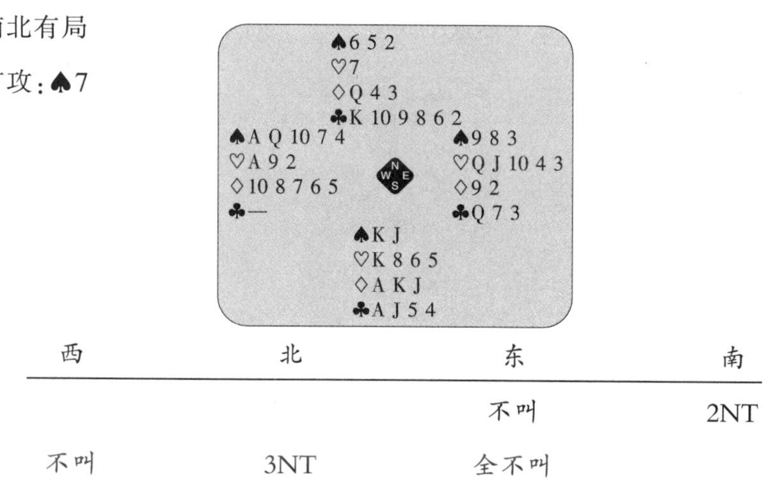


| 西 | 北 | 东 | 南 |
|---|---|---|---|
| | | 不叫 | 2NT |
| 不叫 | 3NT | 全不叫 | |

首攻是♠7，你用♠J赢进，东家跟♠3（最小的一张，像是表示黑桃长度是单数）。停下来计算你的赢墩——一墩黑桃、三墩方块和（你希望）六墩梅花，足够了。显然，如果你看不到的梅花是2-1分布就没有任何问题。唯一的危险是3-0分布。那么，哪个防家更像梅花缺门呢？

基于首攻，大概你会认定西家持五张黑桃，东家持三张，所以西家梅花像是更短。这本身是对的，但如果是北家做庄，东家首攻他最长的花色——红心——随后被证明是五张套。这使他更像持短梅花吗？不对。在两种情况下，首攻者攻他最长的花色都不令人惊讶，你要小心避免过度解读（关于这一陷阱，我们将在第六章深入讨论）。

那么，这是个彻头彻尾的猜断吗？但你在把鸡蛋放进这个或那个篮子之前，有一个获取更多信息的机会——兑现方块赢墩。有了！东家在第三轮方块上垫红心。现在你的定约基本安全了。西家有五张方块，大概还有五张黑桃。他还有机会持三张梅花吗？不会，那样东家持AQJ10领队的八张红心，不可能在第一家无局方不开叫！你深思熟虑的回报是，当你朝明手打小梅花时，西家垫牌。现在你只需简单飞东家的♣Q就把定约带回家了。

计算防守方的牌对选择合理的做庄路线是决定性的。你对防守方的持牌所知

越多,你的决定就越好。试试下面这个问题:

南北有局

首攻:◇J

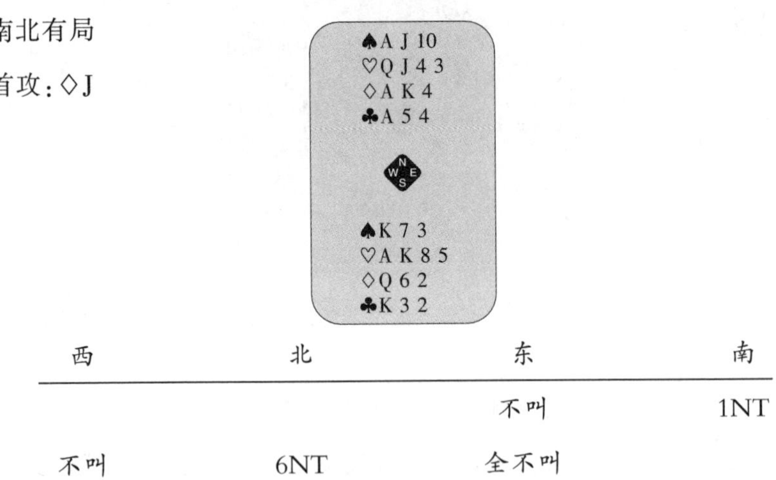


| 西 | 北 | 东 | 南 |
|---|---|---|---|
| | | 不叫 | 1NT |
| 不叫 | 6NT | 全不叫 | |

你有十一个顶张赢墩,定约的成败在于定位♠Q。对敌方牌型分布一无所知的情况下,这是个50%-50%的猜断。你能想办法改善这个概率吗?

起初,两位防家持♠Q的机会是对等的。概率将随黑桃已知的准确分布而改变。黑桃更长的防家更可能持有♠Q:

| 黑桃张数 | 持有♠Q的机会 |
|---|---|
| 4 | 4/7=57.1% |
| 5 | 5/7=71.4% |
| 6 | 6/7=85.7% |
| 7 | 7/7=100% |

我们来看看你如何发掘信息。你赢进方块首攻兑现红心,注意到西家只跟出两轮。也许你会决定基于西家只有两张红心(和十一张非红心),打他持有♠Q。理由是正确的,但在完成全部发掘工作之前打黑桃到♠10还为时过早。

你能够对敌方的牌了解更多些吗?比如,知道梅花的分布难道不是更好?为了做到这一点,你必须先忍让一轮梅花——你迟早总要输一墩。赢得方块回攻后,你打光所有低花赢张。在第三轮方块上,东家垫一张黑桃,现在你知道西家最初持七张红牌(两张红心和五张方块)。兑现◇AK 时,你的高瞻远瞩得到了回报,因为东家又垫了一张黑桃。注意,你唯有先忍让一轮才能看三轮梅花。

你现在知道了西家的十二张牌——两张红心、五张方块和五张梅花。打黑桃到明手的♠A 再起♠J 飞牌变得很简单,你确定这一飞会成功。整手牌如下:

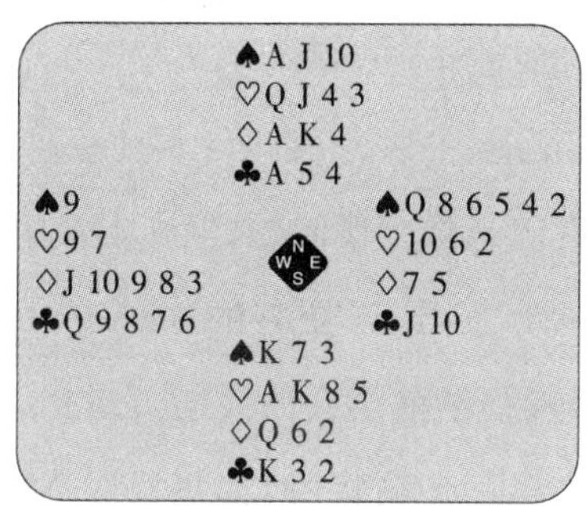


这手牌告诉我们为什么成功的牌手经常能做出看似走运的猜断,他们能把最初是 50%的决定性飞牌变成 100%。这很难吗?你以前做过比数到十三更复杂的事情吗?

## 本章课程

* 总是在打第一墩之前计算你的赢得。
* 通过观察每门花色的分布计算看不见的牌张。
* 知道敌方的牌型是巨大的优势。运用计算发掘一位防家的牌型。
* 在一门花色上张数更多的防家,持这门花色特定大牌的机会更大。
* 在关键性猜断之前,打过越多墩牌(因此看到更多敌方的牌),猜对的机会就越大。

# 第二章 计算技术

“如果数到十三?”这看起来像个傻问题,但在本章中我们将尝试说服你:有比显而易见的“一、二、三……十二、十三”更好的方法。

关注将牌张数是初学者很早就学会的技能。最初,绝大多数人调将时在数“死牌”——打过的牌。他们打一轮将牌,如果每个人都跟了,就记下四张不在了。然后把这个数字和手上与明手剩下的将牌相加,如果少于十三,他们就知道还有一些将牌在外。调第二轮将牌后,他们再重复这一程序……不能说这样做无效,但既缓慢乏味,又消耗很多精力。

把大脑想象成坦克的燃料。当你坐下来打牌时燃油是满的,但每一次思考都会消耗一些。随着一节牌的进展,会渐渐耗尽精力。为了节省燃油到真正需要思考时使用,你必须训练自己掌握能保持精力的程序。第一步是养成做这些的习惯——不必积极思考就能做到的事情。

与计算一门花色中的死牌相比,计算“活牌”更有效率。比如说,你和明手共有七张梅花。不用去计算每张打过的牌直到十三。知道敌方有六张梅花,减去已经打出张数更为简单。你不需要成为爱因斯坦才能数到十三,但即便如此,数到六时出错的可能性还是更小。

这一技巧在计算一门花色时效果相当好。在计算看不见的整手牌是效果差些。为了舒服地追踪一门花色以上的牌,或者在打牌过程中设想防守方的牌,你必须考虑牌型和花色的分布。我们转换一下话题,思考一个叫牌问题。你的牌是:

♠K J 10
♡—
◇Q 10 3 2
♣A Q 10 8 6

你开叫 1♣,同伴应叫 1♠,你选择再叫梅花还是加叫同伴的黑桃?

你们中的一些读者会正确地拒绝回答问题,注意到这手牌只有十二张。如果你没能留意到这一点,那是因为你把一手牌看成十三张独立的牌,而不是以整体的方式看待它。一旦你开始考虑牌型,就能自动把打过的牌除去。

在叫牌中,一手牌的牌型分布常常和大牌实力一样重要。因此,你应该从拿起牌那一刻就考虑牌型。牌型通常以 4–4–3–2 或 3–5–3–2 这样按花色级别排列的数字表达(顺序是黑桃、红心、方块和梅花)。所以,4–4–3–2 表示四张黑桃、四张红心、三张方块和两张梅花。(当牌型写为没有连线的 4432 时,表示持两个四张套,一门三张套和一个双张,但花色未指明。)

一旦你习惯于用这种方式思考, 如果一手牌每门花色的长度相加不等于十三,你会本能地意识到(像上面那手 3–0–4–5 的牌)。对各种牌型熟悉之后,你也可以像考虑单套一样考虑整手牌。比如,如果你的两门花色是准确的 4–4 分布,你的牌型只可能是 4432、4441 或 4450。同样,如果你们有 4–4 将牌配合,其余的牌张只能是 3–2、4–1 或 5–0 分布。运用这一方法,你会发现留意各门花色外面还有多少张,和构建敌方的牌型信息都更容易。

你已经准备好尝试新的计算方法。现在的问题是,你该计算什么?我们用一手简单的牌来演示整个计算程序:

双方有局

首攻：♡5

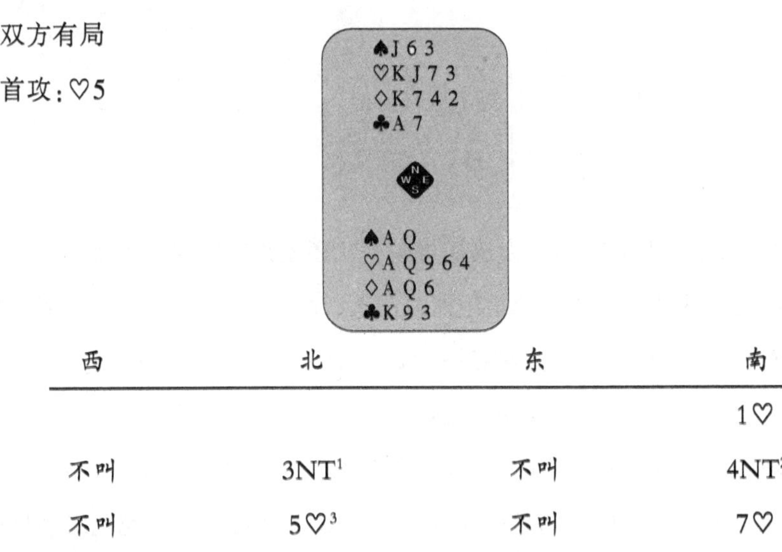


| 西 | 北 | 东 | 南 |
|---|---|---|---|
| | | | 1♡ |
| 不叫 | 3NT[1] | 不叫 | 4NT[2] |
| 不叫 | 5♡[3] | 不叫 | 7♡ |

1. 均型加叫到4♡。

2. 罗马关键张问叫。

3. 两个关键张，没有♡Q。

即使是这种最简单的牌，也有计算工作要做。问题是应该计算什么？在每手牌的开始，你必须计算你的赢墩。这个令人失望的明手让你只能算出十二墩——五墩将牌、三墩方块、两墩梅花、一墩黑桃和明手将吃一次梅花。但有两个明显的机会获得额外的一墩——方块可能是3–3分布，或者黑桃飞中。

你的下一个任务是进行我们称之为“信息管理策略”(以下简称IMS）的工作。这听起来有点复杂和宏大，但这一名称正好与你要做的相符——运用策略去收集和管理你所需的信息。你可以尝试去记忆和计算每张打过的牌，但这样做几乎不可避免地导致错误。大多数牌无关紧要——关键是预先找到哪些是不重要的。本书贯彻始终的是建立有效的IMS。合理做庄(和防守)的本质是认识到问题所在；然后你根据打牌过程和计算收集到的相关信息来调整打牌路线。

对于这手牌，第一步是确保明手安全将吃你的梅花输张。你有九张将牌，给防守方剩下四张。除非将牌4–0分布，你能够承受在打梅花之前调光防守方的将牌。你还需要关注其他信息吗？

你的第十三墩的来源之一是明手的长方块。打到第十二墩时不知道明手的第四张方块是不是赢张可不行。如果在第十二墩明手的方块没大,你就不得不飞黑桃。所以你的计算策略只是看看将牌的分布并且计算方块,没有别的了。

结论是,现在可以开始打牌了。东家第一墩跟出红心,所以你知道将牌不是4–0分布,第一个问题已经解决。你视需要继续调一两轮将(根据敌方的红心是2–2还是3–1分布),然后打三轮梅花,第三轮明手将吃。你在打这些牌时只要注意一件事——防守方有没有垫方块?假设没有,你知道还有六张方块在外。如果明手的长方块能成为赢墩,必须要求敌方的方块是3–3分布。你兑现三轮方块停在明手,如果两个防家都跟出三轮,你就知道明手剩下的那张方块已经大了,你已经到家了。如果任何一个防家在此过程中垫牌,方块就不是3–3,你只有飞黑桃。

注意,在打第一张牌之前你就要知道需要注意哪些牌。你最初建立的IMS将指导你观察两门花色的牌,但在下一个牌例中这可能是个幻觉:

双方有局

首攻:♠4

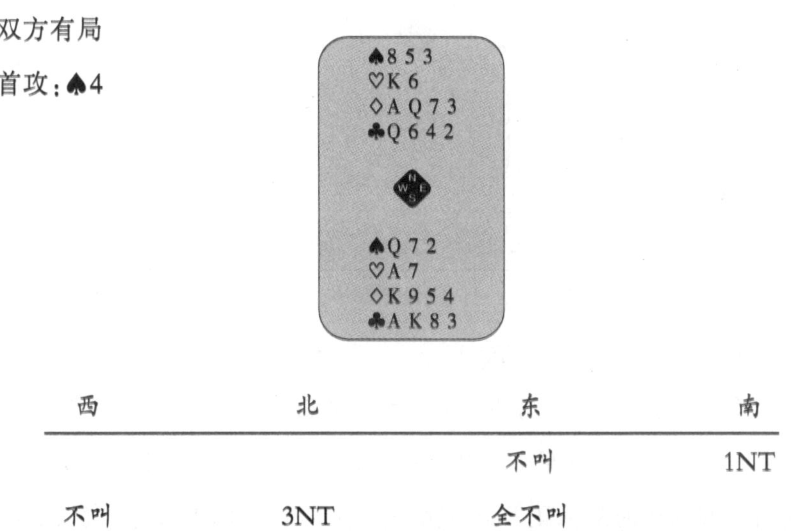


| 西 | 北 | 东 | 南 |
|---|---|---|---|
| | | 不叫 | 1NT |
| 不叫 | 3NT | 全不叫 | |

东家用♠K赢进首攻,回攻♠9。你的♠Q被西家的♠A吃住,西家兑现♠J(东跟出)和第十三张黑桃。幸运的是,防守方还没打宕你的定约,现在正是建立IMS的时候。你有八个顶张赢墩——两墩红心、三墩方块和三墩梅花。你的第九墩来自任何一门低花3–2分布。为了保证你的定约在哪门低花好分布时都能打成,

在第四轮黑桃上，你必须一手垫方块，另一手垫梅花。

看起来你必须关注每门低花上在外的五张牌。这手牌无需这么费劲。比如说你忽略方块集中注意力在五张梅花上。东家在第四轮黑桃上垫一张红牌，西家转攻红心。你赢进后兑现两个梅花顶张，注意这门花色的分布。如果两个防家都跟出，你已经打成了。如果有人垫牌，你唯有寄希望于方块好分布。你不需要去计算方块，只管兑现你的赢张，直到第十三墩打出的你最后一张方块——那时候你就知道它大不大了！同样，你也可以忽略梅花而注意方块，那样你就先兑现方块的顶张。

下一手牌似乎你必须注意三门花色，但这仍然是个幻觉：

双方无局

首攻：♡Q

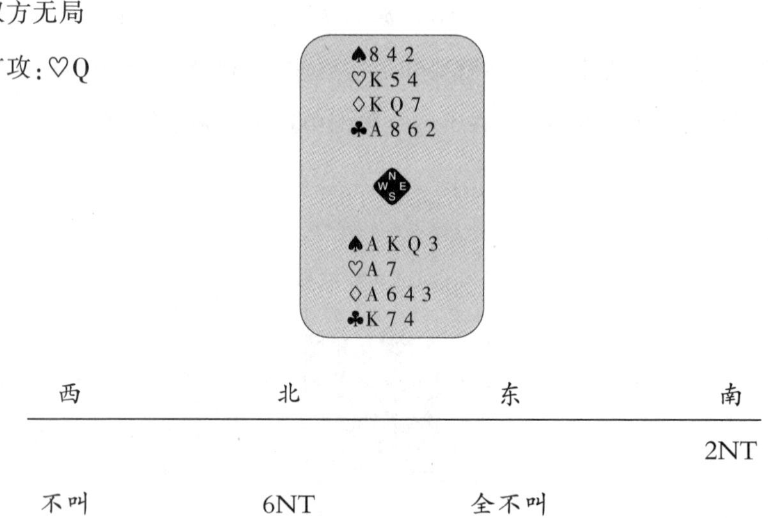


| 西 | 北 | 东 | 南 |
|---|---|---|---|
| | | | 2NT |
| 不叫 | 6NT | 全不叫 | |

你有十个顶张赢墩，在三门花色上有明显的机会；你需要这三门里有两门是3–3分布来取得十二墩。如果方块和黑桃都是3–3分布，你无论怎样都能打成。但你肯定希望在需要时从梅花上取得额外赢墩。显然，你不能连打◇AK和第三轮梅花，因为4–2分布时防守方将拿到两墩梅花。你也不能兑现黑桃和方块顶张后再让送梅花，因为防守方梅花进手时可能会兑现一个赢张。

答案是赢进♡Q后从两手各出一张小梅花。东家吃住后打第二轮红心。现在你一边兑现所有赢张一边注意哪张小牌已成为赢墩。先兑现哪门花色不重要,但最容易的是兑现你已经打过一轮的梅花套。黑桃和方块各有六张牌在外,梅花只有四张。任何一门花色的小牌成为赢墩,都需要平均分布。

比如说你兑现◇AK时每个人都跟了,说明四张看不见的梅花的2-2分布,明手的第四张梅花已是大牌,看来现在应该兑现它。但是别忙!你准备垫掉哪个潜在的赢墩——第四张黑桃还是第四张方块?都不好——最好还是先留着明手的梅花赢墩。

你以后需要一个通往明手的进张去兑现梅花,所以要保留方块先打黑桃。注意你现在处于和上一手牌相同的局面。有两套需要计算,方块和黑桃,但你只需要注意一套——黑桃即可,因为你将先试这门花色。

有六张看不见的黑桃,所以你需要它们是3-3分布。在打黑桃之前,你要清楚自己需要两个防家都跟出三轮黑桃。如果确实如此,你已经有了十二墩。你将兑现你的长黑桃,用方块到明手兑现梅花赢张,再兑现其他方块顶张。如果有人在你的黑桃顶张上垫牌,你打方块到◇JK,兑现第十三张梅花垫掉手上的黑桃输张,寄希望于方块3-3分布。你根本无需计算方块,要么是平均分布,你的第四张方块大了;要么不是平均分布,你的定约宕了。

我们回到你兑现◇AK时,假设有一个防家在第三轮上垫牌。现在你需要黑桃和方块都是3-3分布。因为看不见的黑桃和方块都至关重要,你必须注意敌方在第三轮梅花上的垫牌。如果垫的是红心,你像上面一样兑现黑桃,知道你需要两个防家都跟出三轮。但如果有人在第三轮梅花上垫了一张黑桃呢?现在外面只有五张黑桃了,你兑现黑桃顶张时只需要每人跟出两次。

懂一些挤牌的读者知道,兑现赢张的次序有时很重要。在下一手牌中,我们将看到如何建立起有效的IMS,使你从敌方"垫错牌"中获利。实际上,这将帮助你无需计划就打出简单挤牌,或者知道它正在发生!

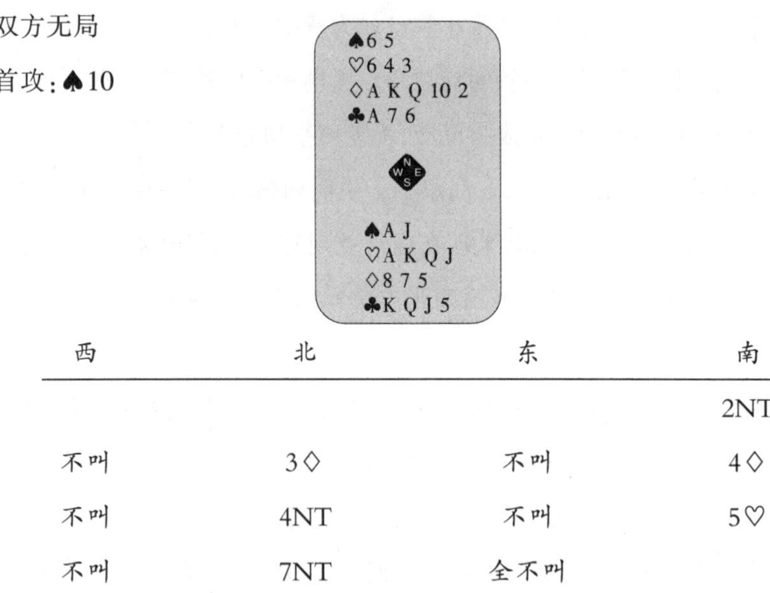


双方无局

首攻：♠10

| 西 | 北 | 东 | 南 |
|---|---|---|---|
| | | | 2NT |
| 不叫 | 3◇ | 不叫 | 4◇ |
| 不叫 | 4NT | 不叫 | 5♡ |
| 不叫 | 7NT | 全不叫 | |

你有十二个顶张赢墩，如果方块是好分布就可以摊牌。即使方块是4–1分布，只要西家持◇J×××你也可以用◇10做标明的飞牌。你用♠A吃住东家的♠Q，兑现◇AK，但西家在第二轮方块上垫了张黑桃。这下你无法在不输一墩给东家的◇J的情况下取到四墩方块了。还有什么办法吗？

实际上，这涉及挤牌。但你不需要知道什么是挤牌，只要知道你兑现赢墩时有人垫某张牌对你有帮助就行了。哪张牌是至关重要的？只有♠K。如果任何一个防家垫掉它，你的♠J就成为赢墩。所以你兑现全部赢张看看会发生什么——♠K出现了吗？

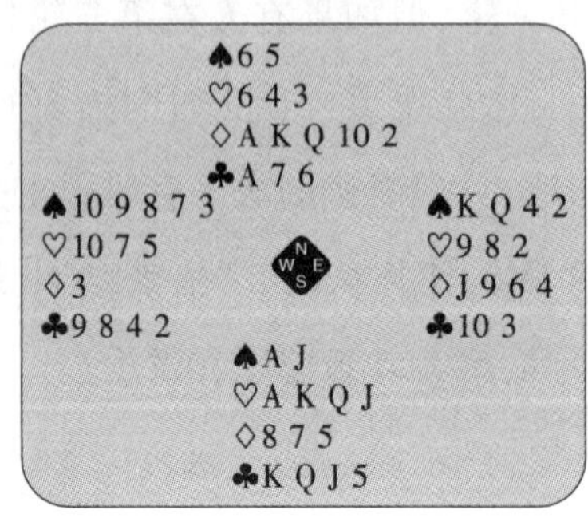

你拿完一墩黑桃、两墩方块、四墩梅花和三墩红心后,剩下的牌是:

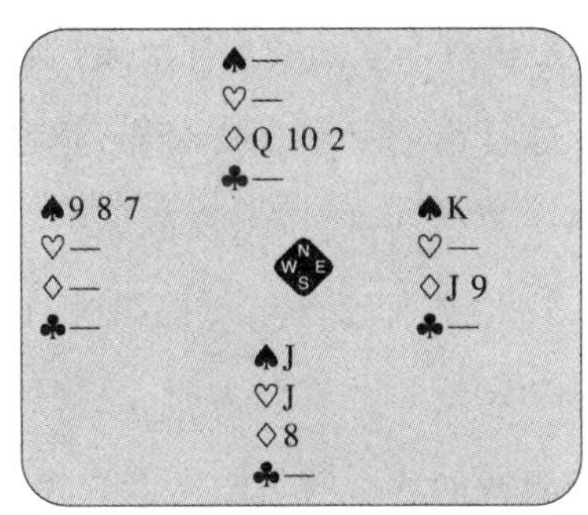


你兑现最后一个红心赢墩时,东家被迫从方块和♠K 中垫一张牌。如果他垫掉♠K 你就兑现♠J。如果♠K 没有出现,你就只能寄望于方块全好了。

发生了什么?你除了一墩之外全大,东家真的被紧逼了,因为在两张牌的残局中他需要保留三张。你不用预先计划发生这一切,你需要知道敌方垫掉什么你会获利就行了。

很多牌的成败都在于管理有用的信息并且知道什么是至关重要的。本章的最后一个牌例,同样是展示庄家运用合理的技巧把定约带回家:

东西有局

首攻:◇K

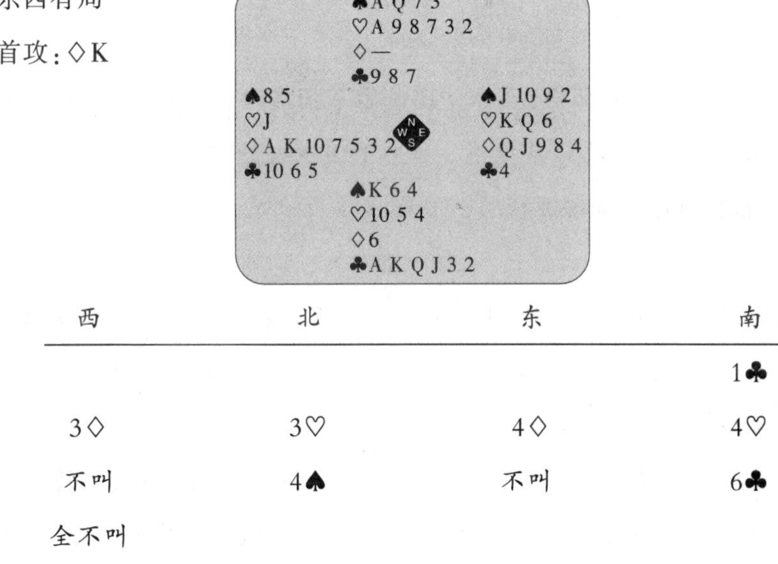


| 西 | 北 | 东 | 南 |
|---|---|---|---|
| | | | 1♣ |
| 3◇ | 3♡ | 4◇ | 4♡ |
| 不叫 | 4♠ | 不叫 | 6♣ |
| 全不叫 | | | |

初看定约能否打成取决于某门高花平均分布。你将吃方块首攻,调将,然后让送一墩红心。东家用♡K 超打西家的♡J,回攻♠J 到明手的♠Q。你兑现♡A,知道如果每个人都跟出,这门花色就是 2-2 分布,你已经打成。西家垫一张方块。你只剩下一个机会——黑桃 3-3 分布,所以你……

等等!除非你要赶火车,否则何必匆忙试探黑桃的分布?正如我们在上一手牌中看到的那样,在你的牌只差一墩就全大时,兑现所有赢墩看看会发生什么通常总是对的。你不用预想残局或者两个防家的持牌,只需要知道你在找什么。你甚至无需关注两门花色,只要注意一张牌就行了——♡Q。如果有人垫掉它,你知道可以兑现♡10。如果没人垫这张牌,你只能希望黑桃好分布。

所以你用♠K 回手,兑现两轮将牌。这是最后三张牌:

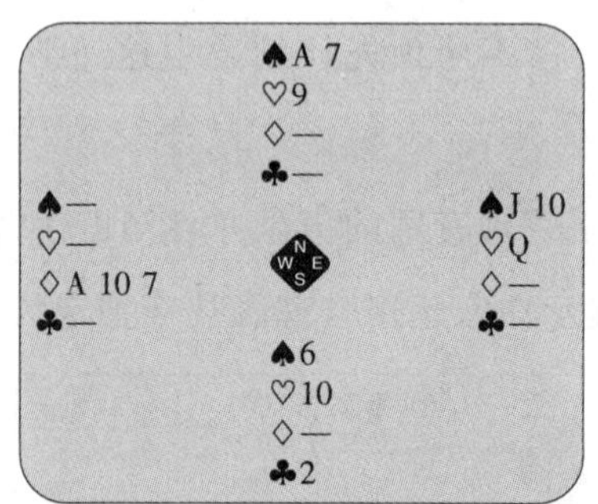


正如实战中发生的那样,当你兑现最后一张将牌时(明手垫红心),东家只有两个致败的选择——♡Q 或黑桃。建立 IMS 的好处之一是,当一个未能预见的挤牌出现时,你已经准备好利用它了。

桥牌中有多种类型的计算技巧,你很难在某一副牌上一种都不用。在本章中,我们已经看到如何高效地关注牌张。运用这些信息来计算,可以通过构建看不见的持牌获益,无论是大牌还是牌型,都能帮助你解决很多问题。本书始终会用牌例告诉你该怎么做。

在一开始,我们集中练习仅仅关注一手看不见的牌。一旦你完全算出一个防家的牌型或大牌,另一手牌也就呼之欲出。这不仅是反复测验你的算术,也能让你从不同的角度寻找解决方案。

但仅仅知道每个防家的持牌,在很多牌上还不够。那你在需要计算防守方的牌时该怎么做?有多少次,你在第九墩时想“◇J6 大了没有?是否只有我计算了方块?”建立精确的 IMS 本质上就是要在早期识别哪张牌是至关重要的。但假如你在起初的分析中遗漏了什么,这里还有安全阀。

回到坦克燃料的那个例子,你会认识到如果你每副牌都仔细计算对手的牌,将很快耗尽精力。那么,你如何知道哪些牌你需要计算?简单的回答是:不用。你必须训练自己下意识地计算。你开车的时候,为什么在夜间或下雨时很快会累,而在晴朗干燥的天气就不会?答案是在天气恶劣时你得尽力集中精神——你必须一边关注刹车距离一边往前开。你知道自己得多加小心。阳光明媚的天气你也在做同样的事情——察看路况、计算距离和速度——但你做这些事情很轻松,完全是自动的。这是一个习惯。在正常条件下,你的意识已经被训练得无需特别关注就能做到这些。

同样,你必须训练自己的意识跟随桥牌桌上正在发生的事情,而不用专门去这么做。然后,当你打到第九墩时,如果你想知道◇J6 大了没有(但在你最初的计划中并没有想到),你在脑海中回放前八墩就能得到答案。结果是,在这些牌上你不需要去计算防守方的牌,也就不会因此消耗你的精力。

训练你的意识去做这些事比自己去想要简单得多。下次打牌你去打一场轻松的牌局时——无需在压力之下快速打牌的地方——你可以试一下每副牌都去计算对手的牌。你会发现这很辛苦,一会你就会因为集中注意力去计算而打得很差。但你这样做上两三节之后,你将感到自己无需刻意去计算,但只要你需要信息,它就在那儿。

最初,你会发现自己不能发现关于整手牌的足够信息,因为了解两门花色的分布已经让你捉襟见肘,那就先练习关注两门花色。直到你可以轻松应对,再加上第三门花色。记住要从计算一手牌开始。

最后,你会发现在桥牌的计算并不比数到十三更难。通过这本书,我们将讲述许多你可以用于发现新技能的局势,使你改善自己的比赛成绩。

## 本章课程

* 确定哪门花色是重要的(比如可以发展你所需的额外赢墩)。
* 决定哪门花色你必须计算,或者打哪张牌是你关注的。
* 集中注意力在每个关键花色上。
* 通过注意看不见的牌来计算。
* 把计算方式从算未见牌张的总数改为计算可能的分布。
* 只计算一手看不见的牌。
* 一旦你知道了敌方一手牌的牌型,据此算出另一手牌的牌型。

# 第三章　来自叫牌的线索

桥牌兴起的早期，你得拿一手得体的牌开叫，而一旦对手开叫，你得持一手更好的牌才能争叫。所有的一切都是为了避免不必要的被惩罚。在现代桥牌中，这一哲学已完全被颠覆。牌手们为了指示首攻或者干扰敌方冒着极大的风险参与叫牌。但这种风格是个双刃剑：竞叫也能给予庄家关键的信息。有时叫牌会警告他坏分布，有时则帮助他定位防守方的大牌。我们的第一手牌将说明一个无辜的开叫会如何使庄家轻松愉快：

双方无局

首攻：♠6

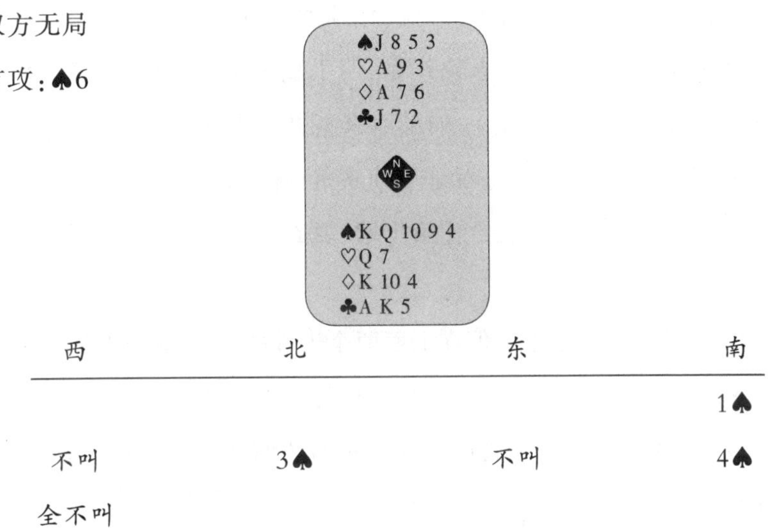


| 西 | 北 | 东 | 南 |
|---|---|---|---|
| | | | 1♠ |
| 不叫 | 3♠ | 不叫 | 4♠ |
| 全不叫 | | | |

尽管有 27 个大牌点和 5-4 的将牌配合，算算赢墩却只有九个。你肯定要丢一墩黑桃，可能要输一墩方块（除非◇QJ 双张），其他两门中也都有潜在输张。你似乎需要♡K 位置有利或者◇Q 被敲下来。现在看一下东家开叫的情况：

| 西 | 北 | 东 | 南 |
|---|---|---|---|
| | | 1♡ | 1♠ |
| 不叫 | 2♡ | 不叫 | 4♠ |
| 全不叫 | | | |

现在你的定约几乎保证能打成了,因为东家肯定有♡K。防守从两轮将牌开始,每个人都跟牌,所以你让明手赢进第二墩,朝♡Q打张红心。不管东家上不上♡K,你的定约已经回家。

我们再考虑一下西家开叫的情况。

| 西 | 北 | 东 | 南 |
|---|---|---|---|
| 1♡ | 不叫 | 不叫 | 加倍 |
| 不叫 | 2♡ | 不叫 | 3♠ |
| 不叫 | 4♠ | 全不叫 | |

假设西家首攻♠A续攻将牌。这次你预期至少有十二个大牌点在你的左手方。利用这一信息获利的一条路线是,明手赢进第二轮将牌,打方块到◇10(为了在东持◇J时避免他进手)。如果西家赢进再用方块安全脱手。你只需简单兑现方块赢墩再打三轮梅花。除非◇Q跌落(那样你已经有十墩),西家被迫赢得第三轮。然后他不得不送给你第十墩,要么从♡K下出红心,要么打低花让你将吃垫牌。

持十二、三点开叫很正常。但在上面两个进程中,这样做都暴露了防守方的大牌。剩下的只是你如何利用这些信息。利用一切有效信息这一主题的第二个牌例取自传奇人物博比·沃尔夫(Bobby Wolff)的博斯心得(BOLS Bridge Tip)。这一课值得重温。

双方有局

首攻：♣5

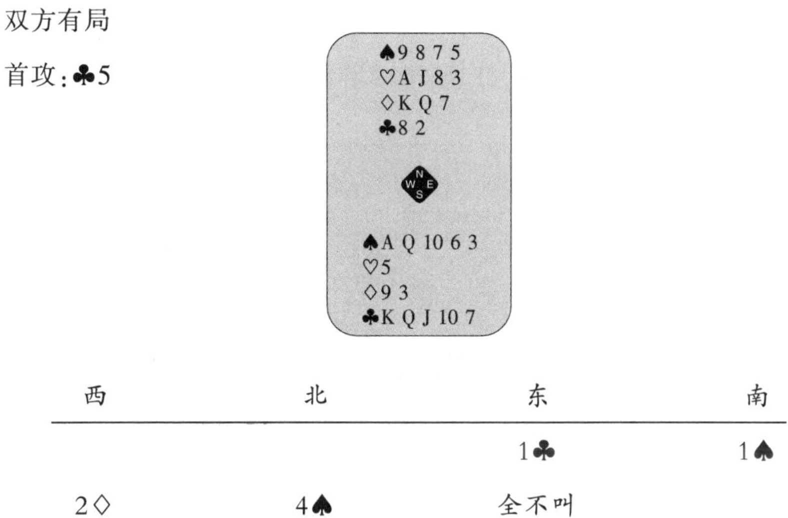


| 西 | 北 | 东 | 南 |
|---|---|---|---|
| | | 1♣ | 1♠ |
| 2◇ | 4♠ | 全不叫 | |

这手牌出现在一场队式赛中。两桌的叫牌和打牌进程完全一样，但是一个庄家这样打的原因很牵强，另一个庄家则有充分的理由。

东家用♣A赢得首攻，打方块到西家的◇A，并用♠2将吃了同伴回出的方块。东家用梅花脱手，西家跟♣4。显然你无法承受输一墩将牌，所以你用♡A下桌引♠9。东家跟♠4，你怎么打？更重要的是，为什么？给你一个提示：既要从敌方做了什么中，也要从他们没做什么中收集信息。

实战中，两位庄家都让♠9飞过，西家垫牌，然后重复飞牌打成定约。一个庄家说西家已经露出方块上的五点牌，东家开叫了，所以像是持有两个黑桃大牌。这是双飞黑桃的充分理由吗？东家即使没有♠J也有十二点和一个单张——足够开叫。

为什么另一位庄家也打西家是缺门黑桃？如果你想一想东家没有做什么，答案很明显——他没有开叫1♡。已知他持四张梅花开叫1♣，方块是单张。因为他不会持五张高花开叫四张的梅花，所以东家的牌型一定是4-4-1-4。所以西家没有黑桃。

沃尔夫的博斯心得是："不要满足于通过叫牌发现一个防家的大牌，也要尝试把他的牌型图像化，这样能为你提供找到致胜打法更确定的指南。"

下一个牌例中，西家持十一张黑牌开叫。我们中的绝大多数都会这么做，但请注意庄家掌握了牌型分布情况后，打起来多么容易：

双方有局

首攻：♠7

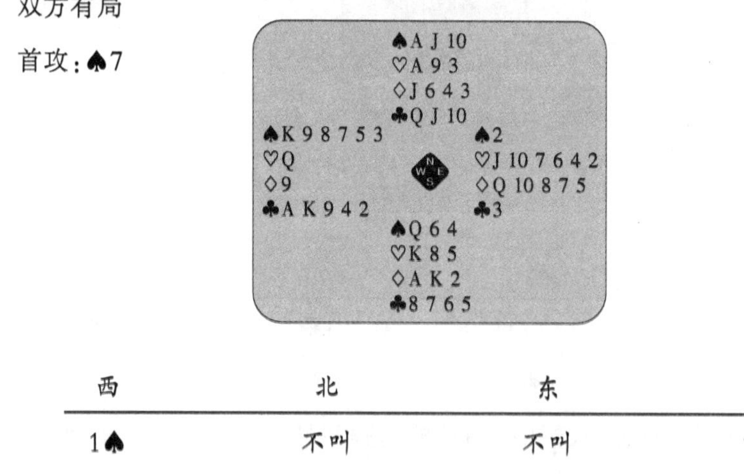


| 西 | 北 | 东 | 南 |
|---|---|---|---|
| 1♠ | 不叫 | 不叫 | 1NT |
| 2♣ | 3NT | 全不叫 | |

只看南北的牌，如果是北家开叫，叫牌过程可能非常简单 1◇-3NT——与实战的进程相比，远非那么有帮助。西家面对他那一直不叫的搭档连叫两次，你可以确信他至少有十张黑牌。防守方只有三张未知的牌时，早期判断他的准确牌型非常容易。你也可以把绝大多数看不见的大牌定位给开叫方。

首攻是♠7，明手的♠10 吃到。你可以数到七墩（靠飞牌得三墩黑桃和红花色上的四个顶张）。因为第八墩只能来自梅花，你第二轮就出这门。西家♣K 赢进，打黑桃给明手的♠J，东家垫了张红心。你在心里记下黑桃是 6-1 分布。你继续出梅花，并不惊讶东家垫掉一张方块，现在你确定西家有十一张黑牌。西家♣A 赢进再打梅花，东家垫第二张方块。你兑现◇K，西家跟出。他在♡K 上又跟牌时，他的初始牌型肯定是 6-1-1-5（东家则是 1-6-5-1）。残局是：

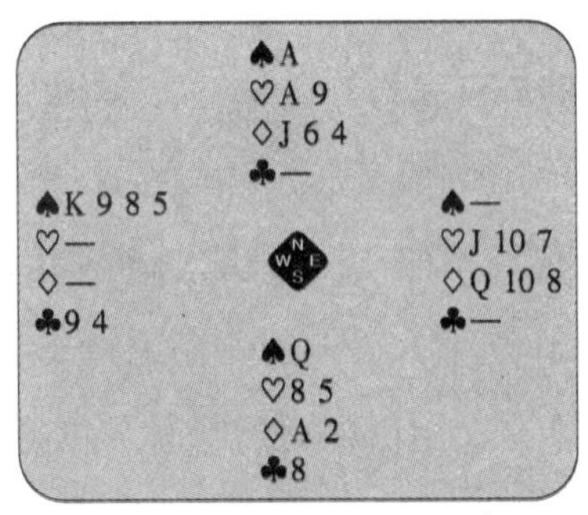


你还需要再发展一墩。◇J 似乎是唯一的前景所在，但你可能不知道东家持牌如此的情况下，它如何成为赢张。你对整手牌了如指掌，这让你可以从一个新视角找到线索。绕桌移动一下，坐到东家的位子上想想。兑现♠A 的时候，你认为他会垫什么？

如果东家垫红心，你可以兑现♡A 再打红心让他出牌——他只剩方块了，不得不从◇Q 下引牌。如果他垫方块，你连打两轮方块就树立起明手的长方块，♡A 是兑现它的进张。两种情况◇J 都成为赢张。

带着这个想法，现在是测验你计算技巧的时候了：

双方无局

首攻：♣K

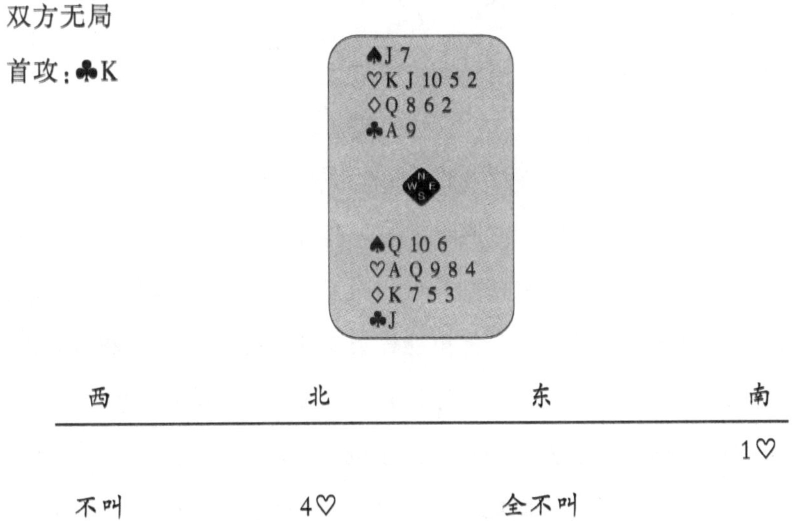


| 西 | 北 | 东 | 南 |
|---|---|---|---|
| | | | 1♡ |
| 不叫 | 4♡ | 全不叫 | |

你无法避免丢两墩黑桃和◇A，所以你不能输第二墩方块。为了达成这一目标，必须有一个防家持单张或双张方块带◇A，你得“猜出”是东家还是西家。

你用♣A 赢进后调将，注意到西家第二轮将牌垫了张梅花。你从明手引♠J 时，西家用♠K 吃住后尝试兑现一墩梅花，你将吃。东家用♠A 赢得第二轮黑桃，用黑桃安全脱手。你来到了十字路口，该打哪个防家持◇A？

西家在黑花色上露出八点，并且是单张红心。如果持◇A 双张，他的牌大致类似于：

| | | |
|---|---|---|
| ♠ K××× | | ♠ K×××× |
| ♡ × | or | ♡ × |
| ◇ A× | | ◇ A× |
| ♣ KQ×××× | | ♣ KQ××× |

拿这样的牌，他肯定会在你的1♡之后叫牌。所以你应该打东家持◇A 双张。你用将牌下到明手，打方块到你的◇K。如果吃到，屏住呼吸打第二轮方块，明手放小，希望东家的◇A 出现。整手牌是：

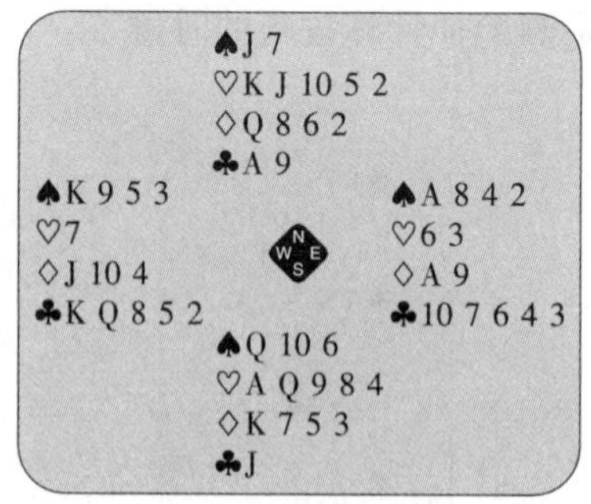


你经常需要综合多个因素来帮助你做出致胜的选择。根据敌方叫牌或未叫牌提供的线索完成你的拼图游戏。你可能需要基于特定花色的分布或者某个防家持有特定的大牌决定打牌路线。计算经常能提供你做出正确结论所需的信息。从叫牌中推理是我们将不断提到的主题。

当敌方介入叫牌，有时他们能阻止你们找到最佳定约或便宜的牺牲。他们赢得了这些战役，你必须在自己成为庄家时充分利用叫牌暴露的信息来获得补偿。

## 本章课程

* 总是记住叫牌过程。
* 注意敌方叫牌显示的信息。
* 注意敌方没有叫牌,并利用这一信息定位大牌和牌型分布。
* 如果一个防家显示出一手牌型牌,要致力于早期读清他的准确牌型。
* 一旦你“看到”一个防家的牌,站在他的角度思考他会如何打牌。

# 第四章　计算防守方的大牌点

无论你是通过上课、看书，还是在牌桌上学会打桥牌的，你掌握的第一种打牌技巧肯定是飞牌。有经验的桥牌教师知道，教会初学者第一次飞牌很容易。但他们一旦越过了最初的障碍，大多数人很快会对这种获取便宜赢墩的手段上瘾。

你可能注意到了，好牌手似乎拥有一种避免失败飞牌的超能力。但这并非冠军们的专利。有时采取粗暴的反概率打法的原因，是因为你知道看似正常的飞牌注定要失败。这里有个简单的牌例，每个人在牌桌上都应该做对，但实际上采取正确打法的人寥寥无几。如果你想试试看，请盖上防守方的牌。

双方无局

首攻：◇9

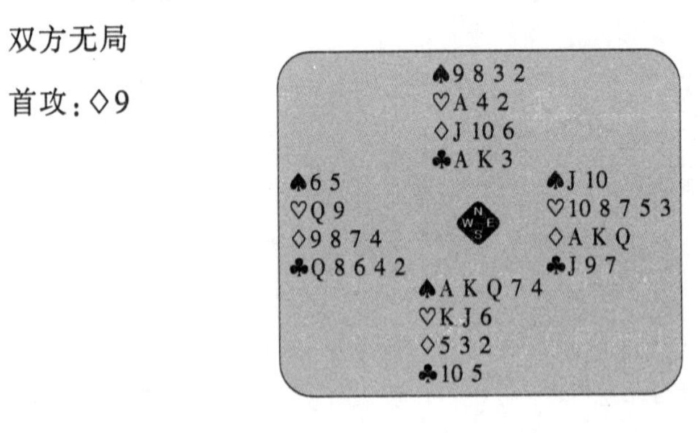


| 西 | 北 | 东 | 南 |
|---|---|---|---|
| | | 不叫 | 1♠ |
| 不叫 | 3♠ | 不叫 | 4♠ |
| 全不叫 | | | |

虽然明手有十二点，但呆板的牌型令人失望。乍一看，定约的成败取决于红心

飞牌。你用◇10盖打方块首攻，东家用◇Q赢进并兑现◇AK，然后转攻♠J。两位防家都跟出两轮将牌，本着尽量推迟处理关键花色的习惯，你打三轮梅花，暗手将吃第三轮，西家跟出梅花。

现在到了决断的时刻。

每个人都知道拿三墩红心的正确打法——兑现♡A再用♡J飞牌。但因为倾听和计算，你决定忽略概率而硬打红心顶张。你机敏打法的回报是♡Q从左边跌落。当然，外面有七张红心时击落双张♡Q运气不错，但飞东家是投降打法。东家露出了◇AKQ和两个黑色的J——十一个大牌点，但他没有开叫。他可能有♡Q吗？

计算防守方的大牌点，回顾他们的叫牌或沉默，能让你以令人惊讶方式打成定约。带着这个提示试试下一手牌：

南北有局

首攻：♡K

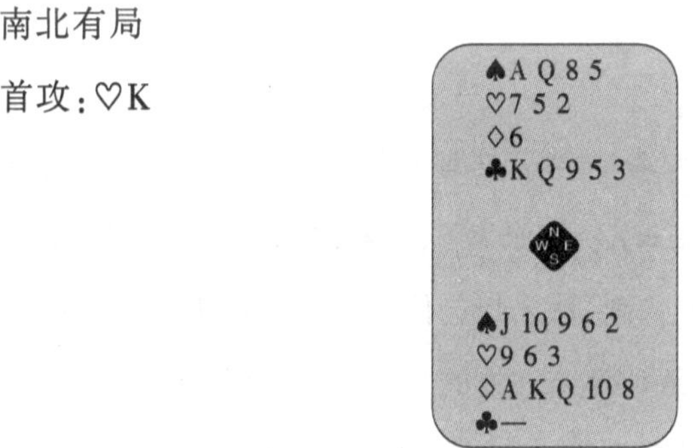


| 西 | 北 | 东 | 南 |
|---|---|---|---|
| | | 不叫 | 不叫 |
| 不叫 | 1♣ | 不叫 | 1♠ |
| 不叫 | 2♠ | 不叫 | 4♠ |
| 全不叫 | | | |

西家首攻♡K，然后是♡Q和♡J。东家第三轮用♡A超打，并回出方块，你的计划是什么？

不计算的牌手将用◇A 停住，不假思索地打♠J 飞过。你能找到不飞将牌的合理理由吗？在前几章中我们一直在强调做关键决定之前尽量多挖掘信息的重要性。你的设法获得更多信息吗？

如果你想不出来，试试将吃方块到明手打♣K（技术上称为“发现打法”）。如果东家跟小梅花，还不能确定西家持♣A 吗？一旦你断定西家持♣A，♠K 又会在哪儿呢？整手牌是：

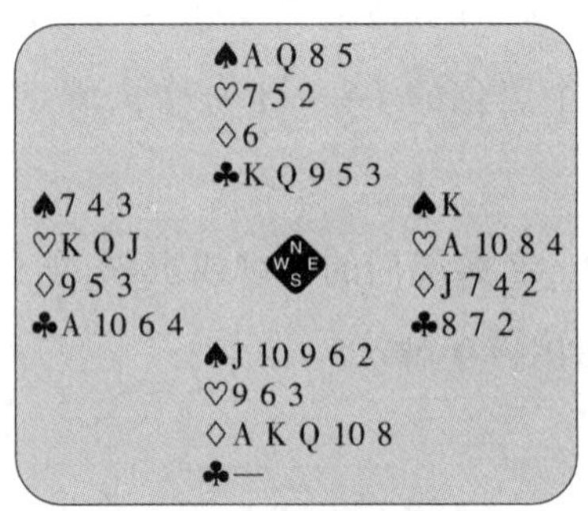


西家显露出红心上的六点和♣A（基于推理），但他没能开叫，所以他不可能有♠K，你的唯一希望是敲下单张♠K！打张黑桃到♠A 并接受观众的喝彩。大多数庄家会飞牌、宕掉、耸耸肩打下一副，从未想过他们应该做得更好。这看起来像壮观的“专家”打法，但如果你留意计算防守方的大牌点，这并不难。

从一个牌手在同伴开叫后没有应叫中也可以做出类似的推理：

双方无局

首攻：♣5

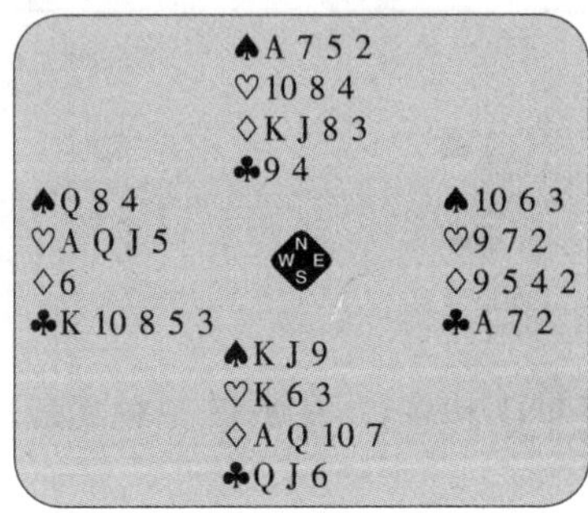

| 西 | 北 | 东 | 南 |
|---|---|---|---|
| 1♣ | 不叫 | 不叫 | 加倍 |
| 不叫 | 1♠ | 不叫 | 1NT |
| 不叫 | 3NT | 全不叫 | |

西家首攻♣5 到同伴的♣A，东家回攻♣7，西家♣K 得再攻梅花，东家跟♣2。

你能算到七个顶张赢墩——四墩方块、一墩梅花和两墩黑桃。显然你所需的两墩只能来自黑桃。这个结构拿四墩的正常打法是飞东家的 Q，但他的叫牌(或未叫牌)揭示了持牌的秘密。因为他对同伴的 1♣开叫没有应叫，并且已经露出了♣A(对很多牌手来说已经太多了！)，他再有♠Q 完全不现实。

怎么才能在西家持♠Q 的情况下取到四墩黑桃？试试引♠J。西家盖上♠Q，你♠A 拿。看到发生什么了吗？“反飞”♠Q 造成了对♠10 正常飞牌的局面。用♠9 飞牌成功，这门花色 3–3 分布，你有了九墩——一墩梅花、四墩方块和四墩黑桃。你打成了另一个“不可能”的定约。怎么做到的？简单地数到六——绝大多数牌手做出应叫的低限牌力。

当防守方的牌力在一个狭窄的范围内时，不叫可以成为信息量最大的叫品。高度限制性的叫品也一样，特别是 1NT 开叫。

双方有局

首攻：♢K

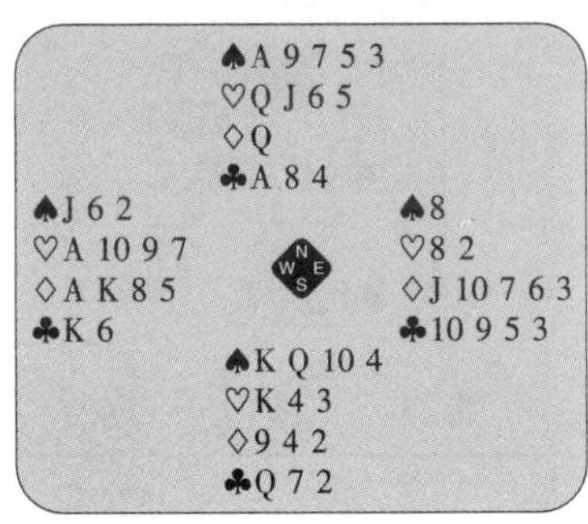

| 西 | 北 | 东 | 南 |
|---|---|---|---|
| 1NT[1] | 2♣[2] | 不叫 | 3♠ |
| 不叫 | 4♠ | 全不叫 | |

1. 15~17 点。

2. 双高花。

西家首攻◇K,换攻将牌。暗手用♠10 吃住东家的♠8,你朝明手的♡Q 打张红心,吃到了。你兑现♠AK,西家跟牌,东家两门低花各垫一张。你再朝明手打小红心(为了对付西持♡A 双张的情况),明手的♡J 又吃到。第三轮红心你的♡K 输给西家的♡A,东家又垫一张方块。西家用第四张红心脱手,你将吃。

迄今你知道了些什么?西家露出了♠J、♡A 和基于首攻应有的◇AK。即使两个看不见的J 都在他手里,也仅有十四点。所以他一定有♣K,朝♣Q 引梅花没有前途。只剩一个选择——打梅花到♣A,下一轮梅花放小。瞧!西家的♣K 跌出,你打成了定约。是的,他只有双张梅花是你的运气,但你不觉得那是你应得的吗?

下一手牌也是类似的情况吗?

南北有局

首攻:♠5

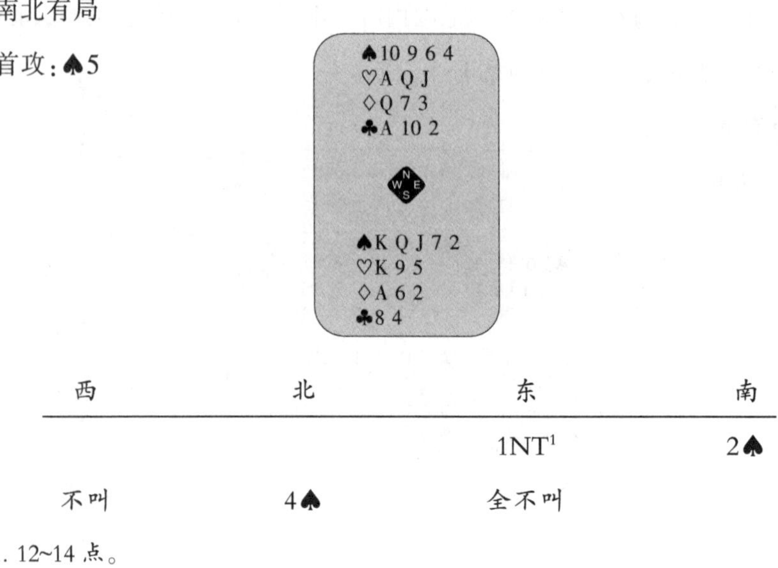


| 西 | 北 | 东 | 南 |
|---|---|---|---|
| | | 1NT[1] | 2♠ |
| 不叫 | 4♠ | 全不叫 | |

1. 12~14 点。

东家用♠A 赢进首攻后转攻♣K。你忍让一轮,用♣A 吃住♣Q,调第二轮将牌时大家都跟了。你能算出九墩,但前景似乎很黯淡,因为东家的开叫预示着他有◇K。在前一手牌中,你必须在 A××对 Q××时跌出双张 K。这回也一样吗?

计算一下牌型,你会发现东家持◇K×的机会不大,因为已知他是双张黑桃。他可以是 2-4-2-5 牌型,但多数牌手持这样的牌型会开叫 1◇而非 1NT。另一个选择是——你只需要东家有♣J,从早期的打牌进程看希望很大。你兑现三轮红心停在明手,引♣10,东家正如预期盖上♣J,你垫一张方块。东家能怎么办?他打红心或梅花,你让明手将吃,暗手垫掉第二个方块输张。如果他出方块,你放小让明手的◇Q 得。两种情况你都有了十墩。整手牌是:

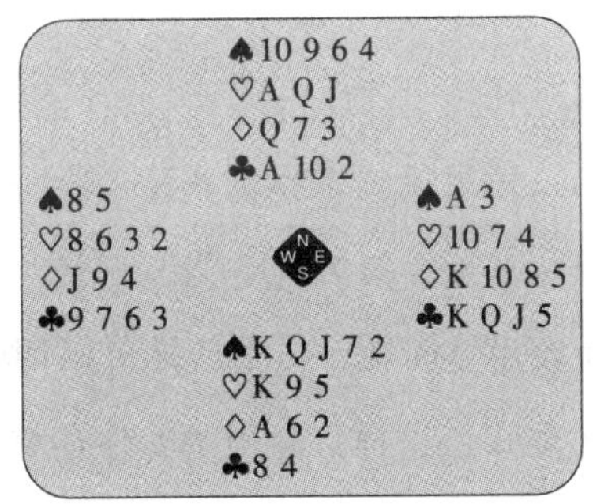


你总归要输一墩方块。这个"输张垫输张"打法把一个方块输张转换为一个梅花输张,同时使东家陷入终局打法。

在这手牌中,你计算了防守方打出的大牌点,也通过叫牌和早期的打牌过程推断出特定大牌的位置。有时你必须把某张牌定位在某个防家手中,因为若非如此你就打不成。下面是一手这类牌的例子:

双方无局

首攻：♠A

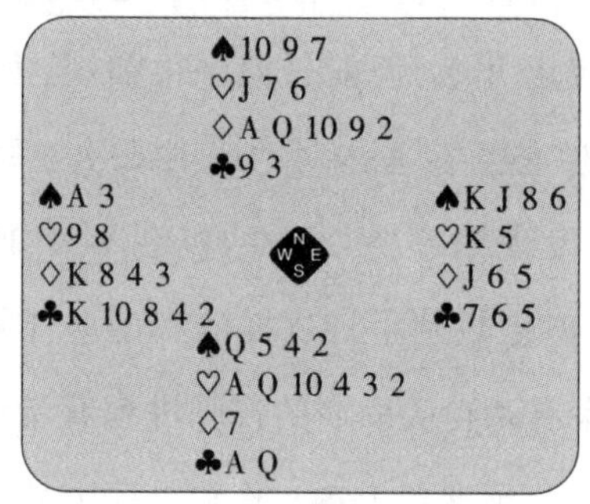


| 西 | 北 | 东 | 南 |
|---|---|---|---|
| | 不叫 | 不叫 | 1♡ |
| 不叫 | 2♡ | 不叫 | 4♡ |
| 全不叫 | | | |

西家首攻♠A 再打第二张黑桃到东家的♠K，东回攻♠J，你盖♠Q，西家将吃后用◇8 脱手。

双明手很容易看出应该用◇Q 飞。飞中后你可以调将、将吃黑桃输张、在◇A 上垫掉♣Q。但是，怎样才能知道这样打是对的？你还有三个输墩——一个将牌、一个黑桃和一个梅花。因为你不能承受再丢一墩，所以你必须假设♡K 在东家，这样你可以让明手将吃掉黑桃输张。两个潜在输张已经得到处理，剩下就是应该飞哪门低花。这看上去是个猜断，是吗？

东家已经暴露了♠KJ，你还把♡K 给了他(否则你打不成)如果◇K 能飞中，谁有◇K？你应该记得东家未能开叫。如果他有♠KJ、♡K、♣K 就不会再有◇K。这意味着如果◇K 能飞中，♣K 也能飞中。但是，西家可能有两个低花 K(如给出的那样)，所以飞方块是对的。当然，如果◇K 在东家你就宕了，但那样你根本就没有机会打成，因为红心或梅花的飞牌总有一个会失败。

南北有局

首攻：♡J

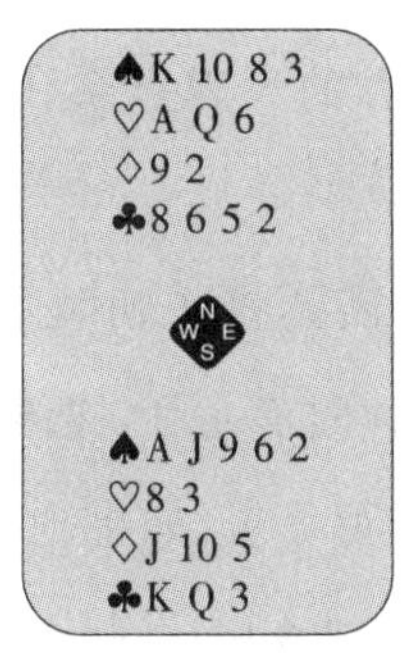


| 西 | 北 | 东 | 南 |
|---|---|---|---|
| 不叫 | 不叫 | 不叫 | 1♠ |
| 不叫 | 3♠ | 不叫 | 4♠ |
| 全不叫 | | | |

你加叫到局显然是基于牌力以外的东西，现在你必须证明你的判断是正确的。第一墩你尝试用♡Q 飞牌，吃到了。该怎么打黑桃？

像往常一样，你应该推迟决断到你对这手牌有更多了解的时候。你第二墩打方块，东家用♢K 赢进，打红心到♡A。你再打方块，东家上♢A，打第三轮红心，你将吃。你是否已经决定怎么打黑桃了？

现在是计算防守方大牌点的时候。东家有♢AK，你还需要他有♣A。但他没有开叫，所以你应该兑现♠A，再打黑桃到♠10。如果东家有♠Q 你总是要宕的，因为♣A 一定在你的♣K 后面。整手牌可能是：

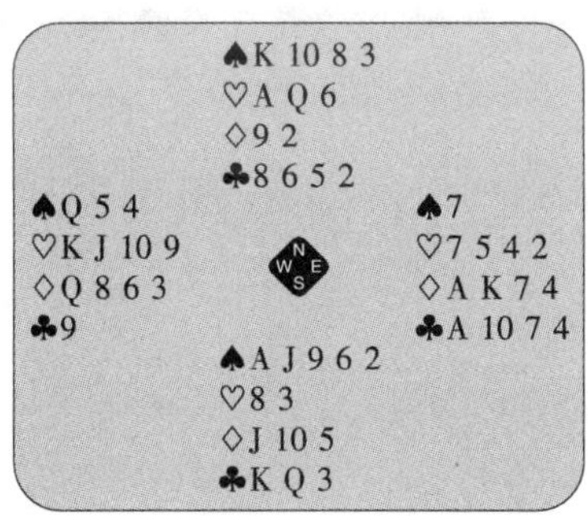

最后,我们假设你没有叫到局,而是在3♠之后不叫。早期的防守一样,你又需要猜断将牌了。计算防守方的大牌点会让你在定约低了一阶时做出不同的决定吗?

显然,如果东家持♣A 你只需调将并朝暗手打两轮梅花就能打成。所以定约仅在西持♣A 并且你打错将牌时有危险。西家都露出什么了?你可以定位他有♡KJ 和◇Q(除非东家打得太好了)。如果他还有♣A,就不会再有♠Q,否则早就开叫了。所以你应该打黑桃到♠K,再起♠10 飞。如果飞牌失败,你可以肯定♣A 位置有利,你还是能拿九墩。如果西家第二轮黑桃时垫牌,你可以调出最后一张将牌,然后认输两墩梅花。不管哪种情况,你都能打成定约。

## 本章课程

* 记住叫牌。防守方打出大牌时,想想他们的叫牌(或未叫牌)显示持有多少大牌点。
* 计算显示限制性牌力一方的大牌点。
* 如果一个防家的叫牌显示了限制性牌力,不要按他持不可能有的大牌打牌,即使这意味着需要使用反概率的打法。
* 如果你需要某个防家持有特定的大牌,假设他持有这张牌,并按照这个假定打牌。

# 第二部分　庄家的计算

# 第五章　聚焦牌型分布

上一章我们讲解了计算大牌点。计算的第二方面是找到优秀做庄打法的基石——判定防守方的牌型。当防守方做出描述性很强的叫牌时,这个任务很容易。比如说,本章开始部分哪些防守方做过两套牌争叫的牌例。在第一墩你已经知道了他的十张牌——略加探索就能了解他另外三张牌，从而彻底完成牌型计算。如果你能有效地“看到”防守方的牌,你打成定约的机会将大大改善。

双方有局

首攻:♠Q

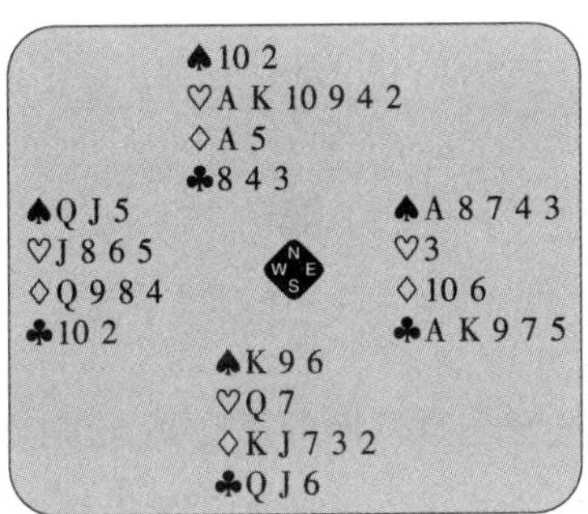


| 西 | 北 | 东 | 南 |
|---|---|---|---|
| | 1♡ | 2♡ | 加倍 |
| 2♠ | 3♡ | 不叫 | 3NT |
| 全不叫 | | | |

绝大多数牌手持东家的牌都会叫牌。但结果不仅是阻止南北叫到(打不成的)正常的4♡定约,还给庄家提供了做庄路线图。

东家的2♡是迈克尔斯扣叫的一个变种，在本例中表示两门黑花色5-5以上。你的加倍表示有防守实力并且没有红心好配合。北家再叫红心之后，你意识到在不好的分布下，打 4♡可能不安全。你希望能运用东家叫牌暴露的信息打成 3NT。这是个好判断，4♡遭到梅花将吃后将速宕。

首攻的♠Q 放给你的♠K 吃。你没有多数顶张赢墩，而敌方的黑桃套已经树立好了，所以你需要红心或方块套吃通。怎么打红花色的机会最大？回顾叫牌会知道东家至少有十张黑牌。你首先应该兑现♡Q——如果东家垫牌，你只好打他持♢Q××。他跟出第一张红心后，你的前景很好。你兑现♢AK，如果东家垫牌，你就寄希望于红心 3-2 分布。他跟出两轮方块后，你知道他的初始牌型是 5-1-2-5，所以你安心地打红心到明手的♡10。

在东家的两套牌争叫后，这手牌的打法非常简单。你只需要数到三——他的红牌数量。是的，在敌方的叫牌显示了 5-5 两套后很容易计算。

在给你下一手牌之前，我们想先介绍一个单套组合：

明手
♡A 9 3

庄家
♡K J 2

乍一看，你会认为在这套上拿三墩的机会是 50 对 50。飞牌之前兑现♡A 能略微增加你的机会，因为西家可能持单张♡Q，但大概率还是东家持♡Q。

显然，如果你能迫使西家引出这门花色，不管分布如何你都能拿三墩。但明手有♡9，即使东家先出这门花色，你的机会也将大大改善。

虽然简单飞♡Q 失败，但如果右手敌方引出红心，你只需暗手放小，明手的

♡9 使你仍然能拿到三墩。当然，如果东家的♡10 和西家的♡Q 互换，西家的♡10 将逼出明手的♡A，但你下一轮还能用♡J 飞。记住这个单套组合：它将帮助你打成下一手牌：

南北有局

首攻：♣K

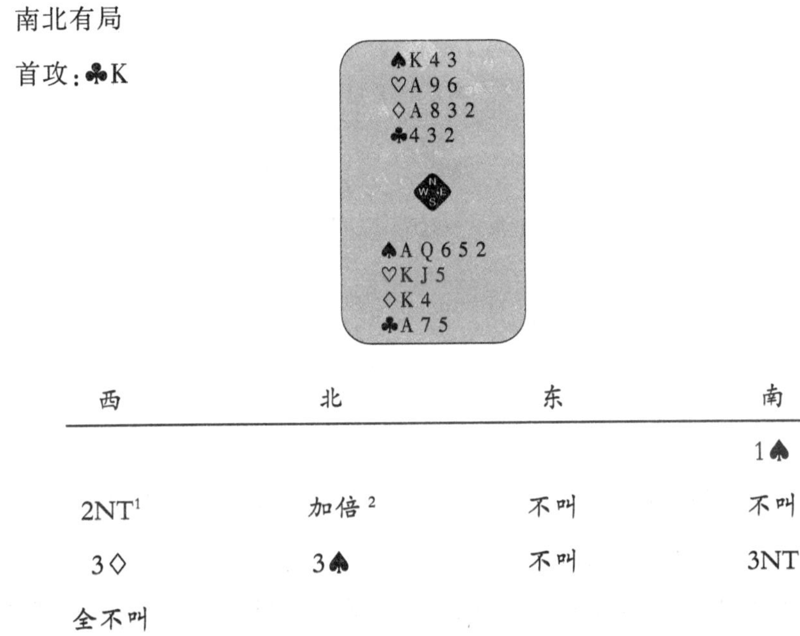


| 西 | 北 | 东 | 南 |
|---|---|---|---|
| | | | 1♠ |
| 2NT[1] | 加倍[2] | 不叫 | 不叫 |
| 3◇ | 3♠ | 不叫 | 3NT |
| 全不叫 | | | |

1. 双低花

2. 有不错的防守实力，没有好的♠配合。

北家不愿放弃有局方的成局定约去做可能不疼不痒的惩罚，现在是你证明他判断正确的时候了。你忍让♣K，但吃住续攻的梅花，因为你从叫牌中得知东家最多有两张梅花。计算一下赢墩，你能数出八个顶张赢墩——三墩黑桃、两墩红心、两墩方块和一墩梅花。看上去直截了当的打法是在黑桃上发展第九墩，但当你打黑桃到明手的♠K 时，西家垫了张方块。好，至少你不是在打 4♠！现在你只好在红心上寻找第九墩了，你能看出比简单打东家持♡Q 更好的机会吗？

西家的叫牌表示了两门低花至少都有五张，东家跟出第二轮梅花，所以西家的梅花只有五张；你兑现两墩方块时，东家也都跟出。因为西家没有黑桃，他的牌型是 0-3-5-5,东家则是 5-4-2-2。知道了这些,加上我们刚刚看过的单套组合打法,你能看出如何在东家持♡Q 或♡10 时都打成定约吗?

你还需要四墩。这是你出黑桃到♠A 后的局面(每个问号都是♡Q、♡10 和小红心之一):

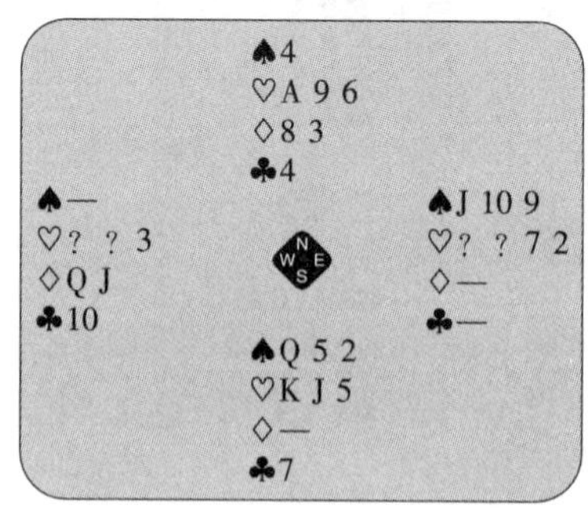


东家已经没有低花了,你兑现最后一个黑桃赢张时,西家必须决定留几张红心。如果他保留全部三张红心,垫掉一个低花赢张,你可以用梅花投出。拿完他的三墩牌,西家只好出红心到你的♡KJ。

但西家垫掉一张红心,保留所有低花赢张,破坏了你的计划,你转而用黑桃投出。东家兑现他的最后一个黑桃赢墩后,不得不出红心。你暗手放小,如果西家打出♡Q,你已经到家了,如果他能出♡10,你♡A 拿后用♡J 飞牌。你仅在西家同时持有♡Q 和♡10 时才会宕,这比单打东家持♡Q 机会好得多。

并非仅有两套牌争叫会使庄家的计算变得简单。敌方的阻击叫让你在叫牌时很头疼,但一旦你买下定约,他的叫牌经常会帮助你打牌。这时你也许没能像上面两手牌那样在两套牌争叫后把牌型了解得一清二楚,但阻击叫也能给你关于敌方两手牌的很多线索,使你得以避免采用失败的打法,特别是在定义清晰的阻击叫,比如弱二开叫后。

这是一个简单的牌例:

双方有局

首攻：♡2

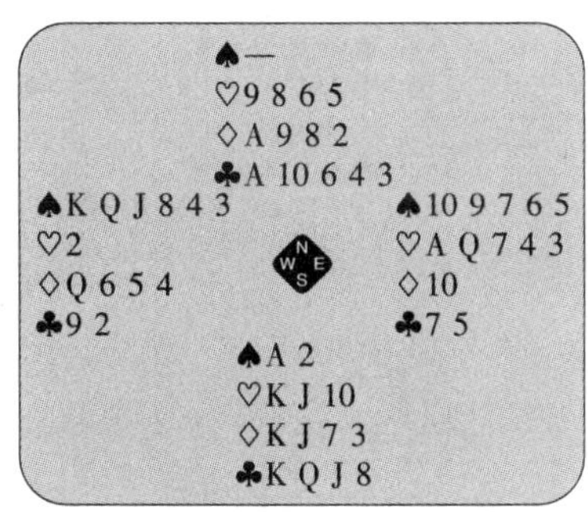


| 西 | 北 | 东 | 南 |
|---|---|---|---|
| 2♠ | 不叫 | 4♠ | 加倍 |
| 不叫 | 4NT | 不叫 | 5♣ |
| 全不叫 | | | |

东家的♡A赢得首攻并回攻这门花色。西家将吃掉你的♡J，然后以♠K脱手。你让明手将吃，然后调将，西家第二轮垫一张黑桃。

孤立地看，方块套一墩不丢的打法应该是兑现◇A再朝◇KJ引牌飞◇Q。你可以看到，在本例中这样打不行。一个小小的计算即可帮你发现该怎么打。

西家的弱二开叫显示了六张黑桃，随后你发现他仅有一张红心和两张梅花，因此他的初始牌型是6–1–4–2。如果西家有◇Q10，你无法阻止他吃到一墩。但只要东家的单张是这两张中的一张，你先兑现◇K再飞西家即可拿到四墩方块——在本例中将会成功。你能够在方块上采取非常规打法仅仅是因为你知道防守方这门花色的分布。

三阶阻击叫不能像类似弱二开叫那样的定义精确的约定叫给你那么多信息，但对一个警惕的庄家也很有帮助。通常那些信息会阻止你做出失败选择。

双方无局

首攻：♠5

♠Q 10 9 6
♡A 4
◇Q 6 3
♣A K 8 4

♠A K J 8 4
♡K 8 6 5
◇—
♣Q 10 6 2

| 西 | 北 | 东 | 南 |
|---|---|---|---|
| | | 3♡ | 3♠ |
| 不叫 | 4NT[1] | 不叫 | 6◇[2] |
| 不叫 | 7♠ | 全不叫 | |

1. 罗马关键张问叫。

2. 两个关键张加方块缺门。

剩下的事就是你要证明自己值得同伴信任你的做庄技术了。数一下赢墩，你发现离十三墩还很远。一个选择是让明手将吃两次红心，那样需要将牌2-2分布，因为西家最多有一张红心(很可能没有，因为他没有首攻红心)。更吸引人的路线是反明手打法——尝试暗手将吃三次方块、明手取四墩将牌、两墩红心顶张和四墩梅花。

因为暗手要将吃三次明手需要很多进张，你第一墩让明手的♠9拿，马上用大将牌将吃一次方块。你打小将牌到♠10时，两个防家都跟了。你将吃第二次方块，打红心到♡A(西家垫方块)，将吃第三次方块，东西家都跟牌。

很好，现在你只需要梅花3-2分布就行了——对吗？在兑现梅花顶张前，请停下来计算。残局如下：

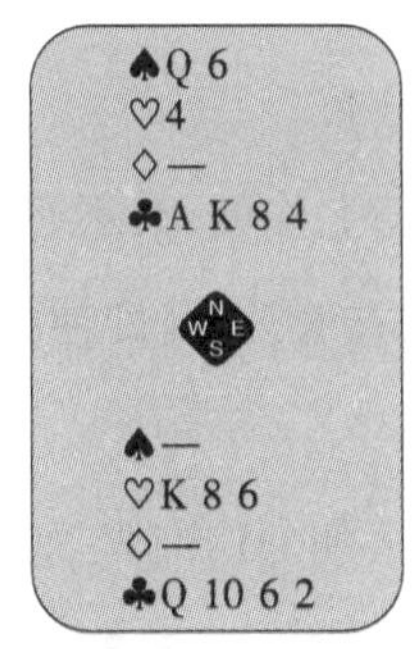


东家跟出两轮黑桃和三轮方块，你还知道东家有七张红心，因为西家第一轮红心就垫牌了。东家的十三张牌你已经知道，所以他最多只有一张梅花。基于这个结论，你兑现♣Q，西家跟♣5，东家跟♣3。你打第二张梅花时，西家跟♣7，但你让明手出♣8，并且肯定会吃到！整手牌是：

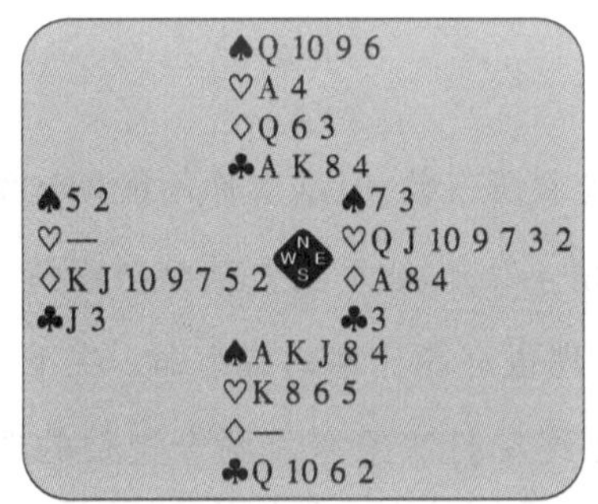


注意，如果你先调两轮将牌，让明手将吃两次红心，将无法发现梅花的坏分布，等你知道的时候已经完了。

下一手牌包括了很多要点，有些是相当高级的。但我们先来看看这些简单的单套组合：

明手

◇A 6 4

庄家

◇Q J 5 3

也许你的第一感是“飞”——所以你从手上出 Q,打算西家不盖就放过。在此之前,问问你自己希望什么样的分布。

如果西家有 K,他只需简单盖上你的 Q,不管牌型如何分布,你所得的都不会超过三墩。你最好的机会是东家有 K,这样即使是 4–2 分布(或更坏)你一样可以得到三墩。

正确的打法是朝 A 打小牌,再朝 QJ 出牌。如果你的 Q 吃到,你计划用别的花色进入明手再朝 J 引牌。这一路线使你在 3–3 分布或东家持 K 时拿三墩。关键是朝你的大牌引牌。

我们再看一个简单的单套组合:

明手
◇A Q 6 4

庄家
◇8 3

3–3 分布再次让你能拿到三墩,但这次你不能朝次级大牌引牌两次。现在,如果看不见的牌张分布是 4–2,你似乎需要某个防家持 K×。事情并非总是这么简单,应用上文所述的原理也许能让你逃脱宿命。在下一个牌例中,正确处理这样的花色组合,然后使用终局打法给东家两个失败的选择,能让你把一个看似不可能的定约带回家。

双方无局

首攻:♣J

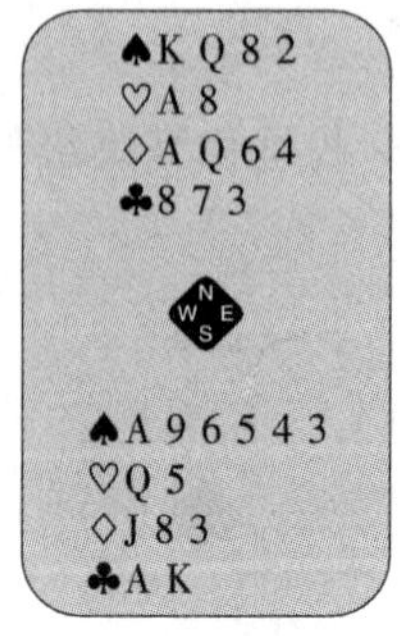

| 西 | 北 | 东 | 南 |
|---|---|---|---|
| 3♡ | 加倍 | 不叫 | 5♠ |
| 不叫 | 6♠ | 全不叫 | |

你手上赢进首攻，先计算赢墩——六墩黑桃、两墩梅花、一墩红心和一墩方块，一共十墩。你需要再找两墩，只能在红花色上找。

用♠A 和♠K 调两轮将牌(西家跟出两张，东家垫了一张梅花)，你打梅花到♣K，再打将牌到明手将吃第三张梅花，报酬是发现西家垫了张红心。从叫牌中你可以推论西家有七张红心，现在你知道他的两门黑花色都是双张，所以只有两张方块。

如果你的假定是正确的，现在的残局应该是：

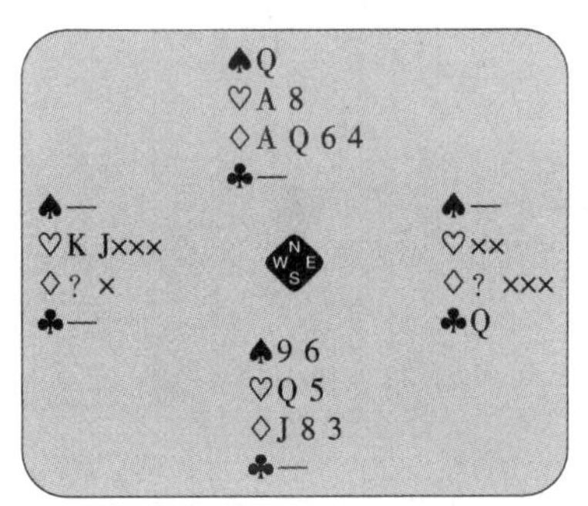


你能看出在还剩七张牌时，不管谁有◇K 都能打成满贯的路线吗？

你打方块到◇A，再从明手出小方块。假如西家有◇K，他赢进后唯有从♡K下引出红心。那么东家持◇K 呢？

站在东家的立场上思考——你发现他的困境了吗？如果他用◇K 赢进回红心，你用明手的♡A 拿后，兑现◇J，然后打将牌下桌用◇Q 垫掉你的红心输张。如果东拒拿◇K，你的◇J 吃到。这回你打♡A 和另一张红心，让西家出牌，他只有红心可出，被迫让你明手将吃，暗手垫掉方块。两种情况防守方都无法阻止你拿十二墩。

整手牌是：

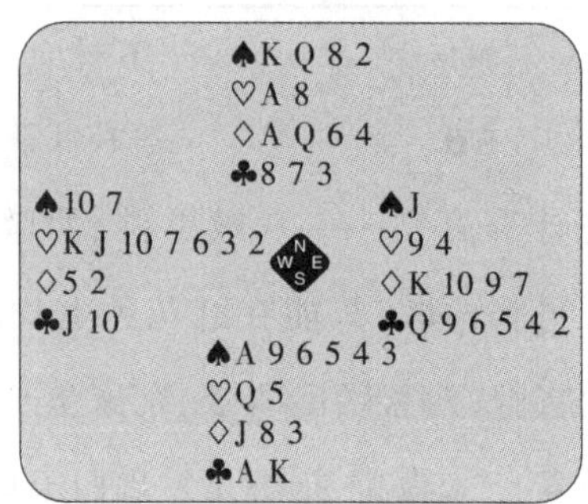


本章的最后一副牌，计算防守方的牌型将使你把 50%的机会变成确定的事情：

双方有局

首攻：◇J

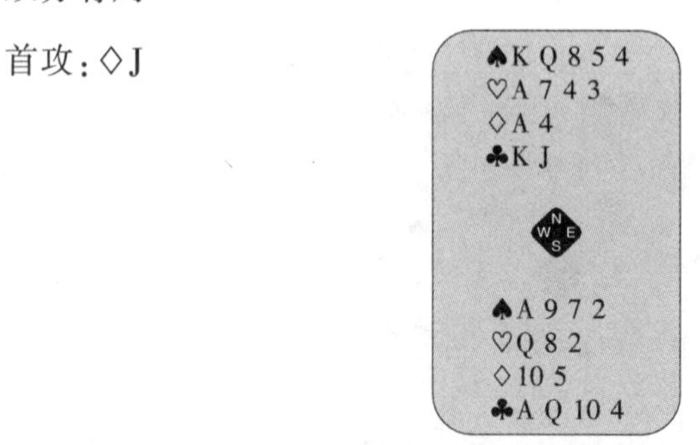


| 西 | 北 | 东 | 南 |
|---|---|---|---|
| | | 3◇ | 加倍 |
| 不叫 | 4◇ | 不叫 | 4♠ |
| 不叫 | 4NT | 不叫 | 5♡ |
| 不叫 | 6♠ | 全不叫 | |

你只有十一墩牌，拿十二墩只有唯一希望——朝♡Q 打红心，希望东家有♡K。还有别的办法吗？你用◇A 赢进，调三轮将牌，东家跟出一张，垫掉两张方块。你兑现四墩梅花，垫去明手一张方块和一张红心。东家跟出四张梅花，西家第四轮垫红心。你让明手将吃方块，两个防家都跟了。你现在处于关键

点,但也已经发现了你所需要知道的一切。

西家的方块一定是双张,持♢J××他会攻小牌,因为你有♢10,他也不可能是♢J10×——所以东家有七张方块。东家跟出四轮梅花和一张黑桃,只能有一张红心。定约现在是100%能打成了。你看出来了吗?

看看你从明手出小红心,手上跟小会发生什么!谁拿这墩牌谁就被投入了。如果东家赢进,他只剩方块了,被迫让你明手将吃,暗手垫掉红心输张。如果西家盖过他同伴的牌进手,他不得不从♡K下引红心,让你的♡Q成为第十二墩。整手牌是:

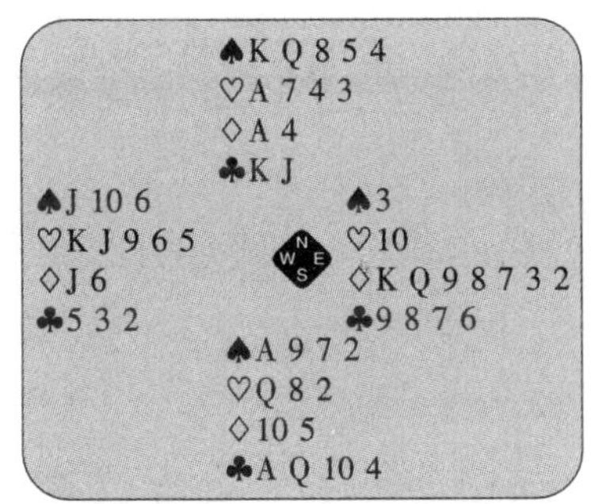


正如这些牌例说明的那样,当一个防家做过高度描述性的叫牌,比如阻击叫或两套牌争叫,你通常能在早期就算清牌型分布。知道看不见的两手牌的牌型,经常能使你打成另一桌宕掉的定约。未能成功的庄家通常有两个原因:一个是因为他们对手的叫牌没有提供足够的信息引导他找到致胜的路线，这是可以理解的；另一个可能是，庄家没有尽力计算，这是不能原谅的。

悲哀的是，真实的原因经常是后一个。在21点牌桌上算牌也许令人不快，但在桥牌中计算不仅是被允许的，而且是被鼓励的。

## 本章课程

* 在叫牌时思考潜在的打牌问题。通过敌方叫牌中透露的信息设想打牌进程，并据此叫牌。
* 如果一个防家做了两套牌争叫，集中注意发掘他的短套分布。
* 敌方朝你的间张引牌总是好的。运用你对敌方牌型分布的了解，让他们在关键时刻引出。
* 推迟关键花色上的决断，直到你收集到所有可能的信息。
* 避免依赖良好分布，除非那是你唯一的机会。计算防守方的牌型经常能提供更好的选择。

# 第六章　首攻中的线索

在打牌过程中,庄家的巨大优势在于可以看到本方的全部资产。作为补偿,好的防家通过点数牌传递信息给同伴。因为庄家也能看到这些信号,防守方必须在通知同伴的价值和向好奇的庄家隐藏牌情之间权衡。在大多数牌中,防守方在早期打牌进程中打出的信号都是诚实的,特别是首攻时。

前一章我们研究了多种用于防守方牌型的技术,从首攻中收集信息是这一主题的另一部分。想一下这个每天都会遇到的问题:

双方无局

首攻:♡3

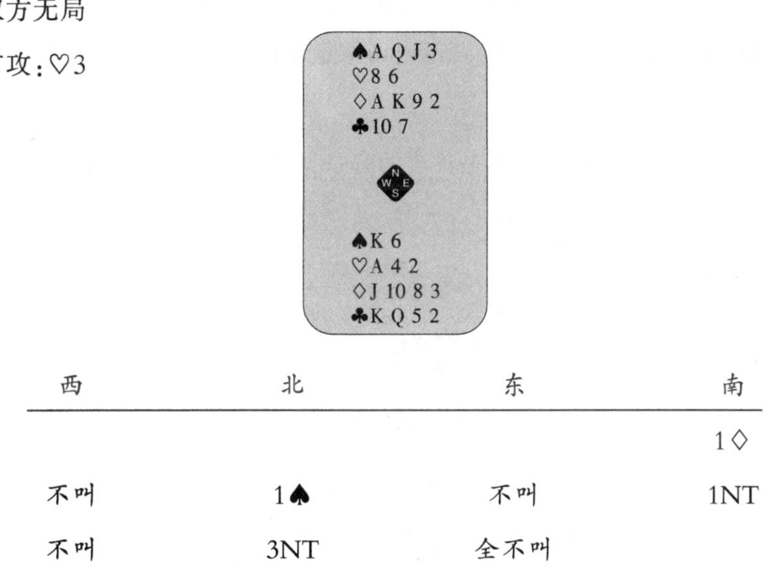


| 西 | 北 | 东 | 南 |
|---|---|---|---|
| | | | 1♢ |
| 不叫 | 1♠ | 不叫 | 1NT |
| 不叫 | 3NT | 全不叫 | |

你有七个顶张赢墩,要拿到所需的两墩,得在顶出♣A 和飞方块之间选择。你会选哪个?

你应该问的第一个问题是:“对手的首攻约定是什么?”如果他们攻长四,你可以预期红心是4–4分布(虽然西家可能是从三张套中攻出来的)。东家第一墩上♡K吃到,他回出♡5。你再次忍让时,西家用♡10拿,打第三轮红心到你的♡A。红心像是4–4分布,你可以安全地顶出♣A。防守方只能拿到一墩梅花和三墩红心。

如果早期的打牌过程是西家首攻♡5到东家的♡Q。东回攻♡10,你再次忍让是,西家跟♡3。东家再打♡9逼出你的♡A。这次看起来红心肯定是5–3分布,如果西家持♣A,你要树立梅花赢墩时,他将用♣A吃住并兑现两个红心赢墩。你最好的机会是西家持◇Q。♡A进手后,兑现一个方块顶张(防范单张◇Q),用♠K进手飞方块。这条路线仅在东家持◇Q,西家持♣A时失败。

最好,思考一下西家首攻♡Q,你忍让时东家跟♡7时怎么打。西家继续攻♡3到他同伴的♡K,你再度忍让,东家回♡5到你的♡A,西家跟♡9。你准备顶出♣A还是飞方块?这次红心仍然像是4–4分布。为什么?因为如果西家持♡QJ1093,他第二轮会攻一张大红心。如果红心是5–3分布,就意味着西家持♡Q93,那样他一般会攻小牌。所以顶出♣A是正确的,飞方块可能给防守方建立第五个赢墩。

有时给你至关重要线索的不是首攻的牌张,而是首攻的花色。来试试这手牌:

双方有局

首攻:♠4

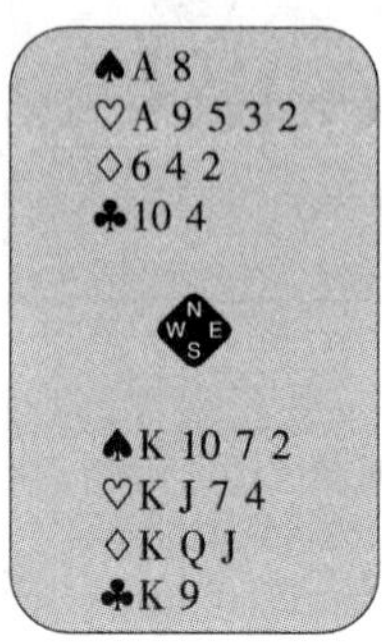

| 西 | 北 | 东 | 南 |
|---|---|---|---|
| | | | 1NT |
| 不叫 | 2◇[1] | 不叫 | 3♡[2] |
| 不叫 | 4♡ | 全不叫 | |

1. 转移。

2. 高限，且红桃配合。

你用♠K吃住东家的♠Q。你有四个可能的输墩——两门低花的A、♡Q和♣Q。你计划硬敲将牌，所以你先兑现♡K，以防任何防家缺门。每个人都在♡K下跟牌，但打第二轮将牌时，西家跟♡10，明手♡A拿，东家垫掉一张方块。你现在有三个肯定的输墩。

你打黑桃到♠A，引一张方块，西家◇A得，兑现♡Q，再打方块脱手。你出黑桃让明手将吃时，西家跟出♠J，你的♠10大了。你打第三轮方块时，西家垫梅花；你再打♠10，西家再垫一张梅花。你让明手将吃这个赢张，从明手引出梅花。除了哪个防家持哪张梅花大牌之外，整手牌你都知道了：

有什么线索能指引你吗？

双方有局

首攻：♠4

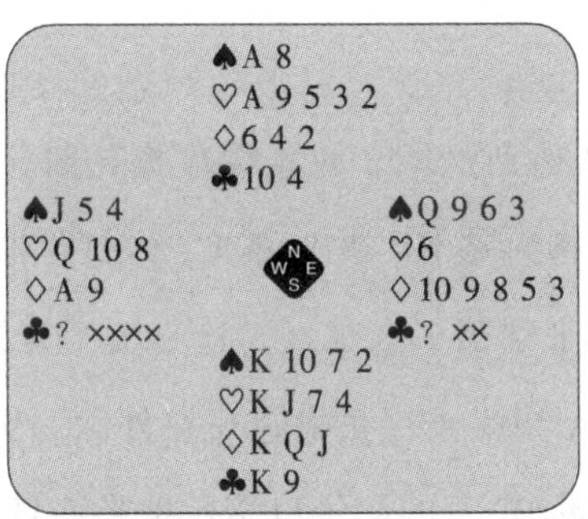


叫牌中有什么线索吗？有没有哪个防家持◇A就会叫牌？没有。打牌过程能指引你吗？西家首攻♠4说明什么？从J××中首攻公认是很差的选择，经常是无奈之下做出的。从♡Q10×中首攻不在考虑之列，在右手方显示强牌时从无支持的A下首攻也是如此。但从♣Q××××中首攻的危险远小于从♠J××中攻牌。从西家的实际选择中看，他的梅花大牌更像是 A 而不是 Q。所以你放过♣Q，逼出西家的♣A后你已经到家了。

这类推理并非总能引导你做出致胜选择，其有效性要打一点折扣。但当其他信息对等时，无论从中得到的帮助多小，总是聊胜于无。从首攻中推理有时也能揭示防守方的牌型。带着这一提示，试一下这手牌：

双方有局

首攻：♣Q

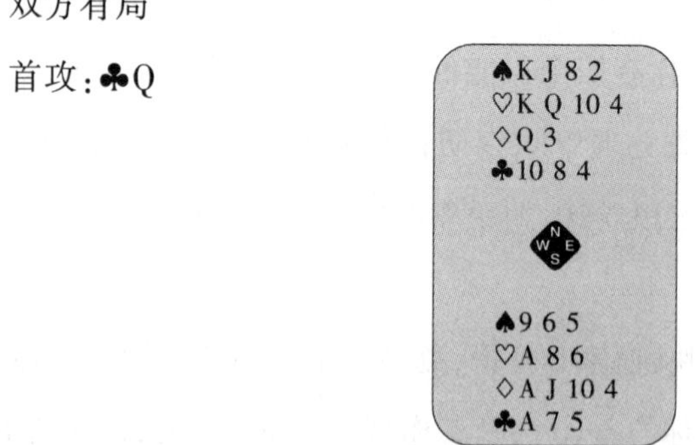


| 西 | 北 | 东 | 南 |
|---|---|---|---|
| | | 不叫 | 1◇ |
| 不叫 | 1♡ | 不叫 | 1NT |
| 不叫 | 2NT | 不叫 | 3NT |
| 全不叫 | | | |

东家跟♣6，你让♣Q 得到这墩。西家续攻梅花时你再次忍让，东家以♣3 完成高-低信号。第三墩是♣9-♣10-♣K-♣A。你打红心到♡K 出◇Q，输给西家的◇K。西家回出♠3，你来到第一个难点。这是一个普通的 K-J 猜断，对吗？

你已经丢了三墩，♠A 和第十三张梅花还在外面。因为那张梅花是宕墩，如果在西家手里，他肯定会兑现，东家的信号也暗示他持有四张梅花。如果东家持♠A这个进张，你无论如何也打不成，所以你必须假定在西家手中。你可以选择打西家持♠AQ。但因为你在红心上取得四墩的机会很大，这是个较差的选择。所以你上♠K，拿到这一墩。

现在你有八墩——一墩梅花、一墩黑桃、三墩方块和三墩红心。定约的命运取决于能否得到四墩红心。你用♡A 回手兑现方块赢墩，最后一张方块上，西家垫掉一张黑桃。你必须决断现在的局面是：

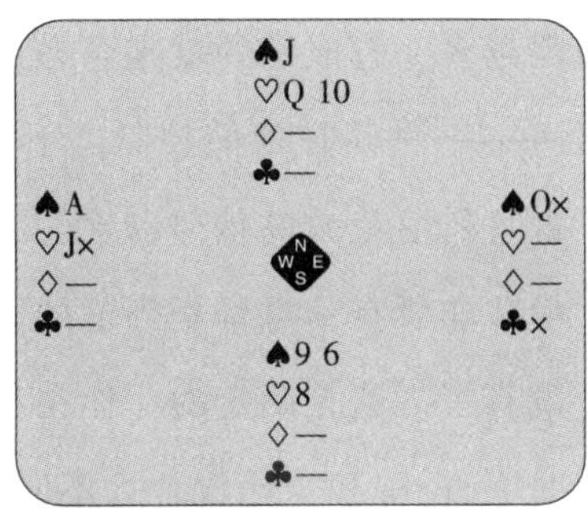


这样你必须飞红心。或者：

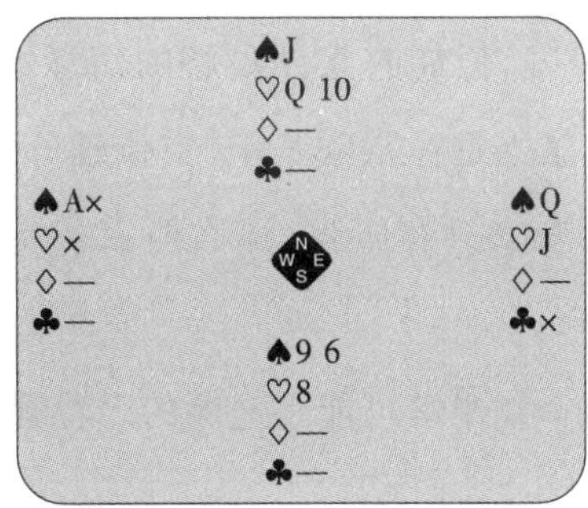


这时打红心均分才能成功。

打红心的初始分布是 3–3(或者说现在是 1–1)是符合概率的打法，但优势非常小。有什么能指引你的吗？

我们来构建两手西家的牌：

| | | |
|---|---|---|
| ♠ A×× | | ♠ A××× |
| ♡ J××× | or | ♡ ××× |
| ◇ K×× | | ◇ K×× |
| ♣ QJ9 | | ♣ QJ9 |

两手牌西家都不能叫牌，所以叫牌中没有线索。但在这一叫牌进程后，很多牌

手更愿意攻未叫过的四张高花，而不是攻三张套的低花。也许某些牌手持第二手牌会攻梅花，但概率上肯定是西家持第一手牌的机会更大。你引红心到♡10，东家垫牌后你摊牌打成定约。

你对防守方的牌知道得越多，打成定约就越容易；但认识到敌方会在两种情况下释放信息也很重要——一种是在他们控制之下的，另一种是默认的。在第十章中，我们将会学习如何利用敌方的信号获利，以及如何鼓励他们在关键局势下打出准确的信号。但并非所有信息都是等值的。一个牌手没能跟牌只有一个解释——他这门花色没有了。这是确定的。你在利用防守方自愿给出的信息时要格外谨慎。这种情况下，桥牌和生活没什么不同，你常常得通过信息来源判断其可靠性。

你经常无法算清整手牌，但能收集到足够的信息做“有依据的猜断”——在多数情况下正确的决断。这类选择常常基于“空位理论”。这一理论的前提是，比如西家有八张未知的牌，东家只有四张，那么西家持特定牌张的机会是东家的两倍(8 比 4 或 2 比 1)。

这绝对是正确的。但一知半解可能是危险的。看看这手队式赛中出现的牌：

双方无局

首攻：♠5

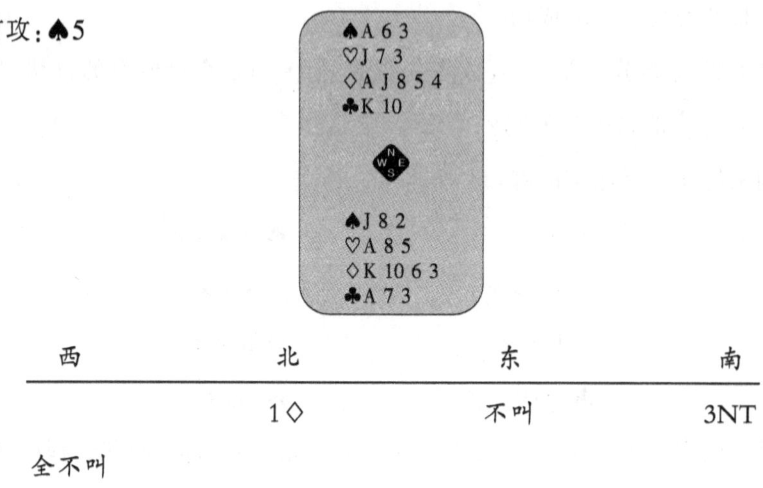


| 西 | 北 | 东 | 南 |
|---|---|---|---|
| | 1◇ | 不叫 | 3NT |
| 全不叫 | | | |

东家用♠Q 赢进首攻,回攻♠9。西家用♠10 盖打,你仍然忍让。第三轮黑桃逼出明手的♠A,东家垫红心。你猜错方块定约就宕了。你准备如何处理方块?西家有五张黑桃,东家有两张,所以东家有十一张非黑桃(或者空位),西家是八张。所以明显的概率打法是兑现◇A 飞东家的◇Q……对吗?

在决定之前,坐到另一桌北家的座位上,这回叫牌是:

双方无局

首攻:♡4

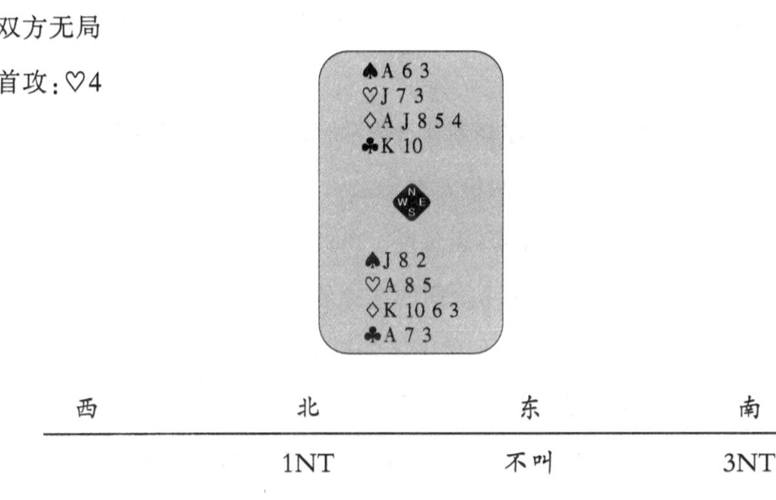


| 西 | 北 | 东 | 南 |
|---|---|---|---|
| | 1NT | 不叫 | 3NT |

全不叫

这桌的南北方打 12~14 点的 1NT 开叫,所以你坐北主打相同的 3NT 定约。

东家首攻♡4,你忍让到第三轮,发现西家只有两张红心。你如何处理方块?因为东家有五张红心,西家只有双张,西家有十一张非红心(或空位),东家是八张。这次明显的概率打法是兑现◇K 飞西家的◇Q……

喔,我们好像遇见过这一情况。虽然两位庄家都采取了看似正确的打法,但其中一个庄家打宕了。真古怪!在一位著名主持人主持的电视节目播出后,这种局面常被成为"蒙特·霍尔陷阱"(Monty Hall Trap)。有些读者可能没有看过蒙特·霍尔的表演,它是让参与者猜三个门中哪个隐藏着大奖。另外两个门中只有安慰奖。为了给节目增加趣味性,蒙特·霍尔会在参与者还不知道自己是否猜对时买他们的选择。第一个解决这个游戏中的数学问题的,是菲尔·马丁发表在 1990 年《今日桥牌》杂志上的一篇文章。马丁阐明这一问题的文章摘要是：

蒙特·霍尔说："我身后的这些门里有十万美金的奖金，你要你选对了就都是你的。"

"我选一号门"，你说。

"在我们打开看之前，"蒙特说，"我出两万美金买你选的一号门"。

"当然不，"你说。"即使安慰奖一钱不值，我的选择的期望值也有三万三千三百三十三块，为什么我要卖两万？"

"好"，蒙特说。"在我们看你赢到什么之前，先看看二号门里有什么。"

你可以预见，二号门里藏着两份安慰奖之一。

"我给你最后一次选择，"蒙特·霍尔说。"你可以把一号门卖四万美金。"

你应该拿吗？十万和四万美金之间的选择似乎是50%对50%。如果蒙特·霍尔是随机选择一个门，这是对的。但他不能随机选。蒙特知道哪扇门后有大奖，他（表演者）故意打开一扇只有安慰奖的门来增加悬念。

已知两扇门内是安慰奖。你选择一扇门时，你知道至少还有一扇门后是安慰奖。唯一的区别是现在你知道了二号门中是安慰奖。蒙特无疑会选三个门中藏安慰奖那个给你看。不管是一号门还是三号门中藏着十万美金，蒙特都不会打开。实际上，你的机会还是最初的三选一。致胜的策略是拿四万美金，因为你的选择只值三万三千三百三十三。未被打开的那扇门的期望值则是六万六千六百六十六。有时蒙特会在此时给你另一次选择机会，你改选另一扇门取胜的概率是二比一。

在数学上这是完全清楚的，也许桥牌选手受"限制性选择"的影响更容易认识到这一点。如果三号门藏着大奖，为了给你看安慰奖，蒙特只好打开二号门，反过来也一样。但是，如果大奖在一号门里，他打开二号或三号门的机会是均等的。推论是大奖在三号门中的机会是在一号门中的两倍。所以你选一号门正确的机会仍然是33.333%。

这个例子是经典的概率陷阱——把偏离的信息当作随机的。在上文的节目中，蒙特·霍尔为你打开二号门是因为里面是安慰奖。无论你是否意识到，信息本身都有其导向，你必须衡量它的价值。

在桥牌中，很多牌手过度使用误导敌方的战术。这种策略在对抗不认识的对手时比较有效，因为他们更倾向于相信信息的真实性。但对付熟悉的对手时往往弄巧成拙，因为他们会根据过往经验加以调整。维克多·莫洛((Victor Mollo))笔下的老爷子对抗丑陋的公猪时的宿命正是经典案例。公猪知道老爷子试图欺骗他，于是将计就计。

回到上面那手牌，我们看到两个庄家面对同样的问题，但已知信息看似建议相反的打法。显然，如果两个庄家都仅从首攻中得到信息按照“空位原理”打牌，其中一个人将会宕掉。原因是首攻中包含的信息是“偏差信息”，并非随机的。真相是什么？防守方攻他们的最长套是常识，那么为什么你会惊讶于他在这门花色上比他的搭档长？

在南家坐庄的牌例中，西家在黑桃4-3分布时仍然首攻黑桃会怎样？西家有九张未知的牌对东家的十张，但事实上概率倾向于打西家有◇Q。为什么？因为西家攻的大概是他的最长套——但只有四张。所以西家没有五张红心或梅花，可能这两套都不超过三张。他唯一持单张方块的情况是4-4-1-4牌型，而且此时他攻红心或梅花的机会与攻黑桃相等。

实际上这没有看起来那么复杂。为了纠正你的印象，我们请你尝试一下底下这手牌：

西家首攻的♣3没有任何损失。你有六个顶张赢墩，找到◇Q可以再得三墩。如果你丢掉一墩方块，第九墩唯有来自于某个高花。

东西家使用长三或长五首攻，所以你可以认为西家有五张梅花，东家持两张。用简单的空位计算，西家有八个空位容纳◇Q，东家有十一个。因此似乎应该打东家持这个Q。但西家攻了牌！他的持牌和叫牌进程会影响他的选择。你必须在使用空位原理之前考虑西家的选择。

双方无局

首攻：♣3

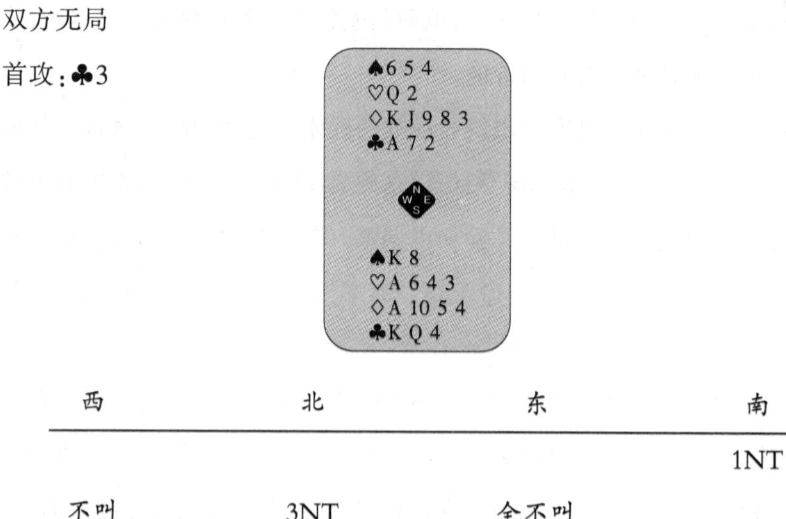


| 西 | 北 | 东 | 南 |
| --- | --- | --- | --- |
| | | | 1NT |
| 不叫 | 3NT | 全不叫 | |

在这个叫牌进程下，攻高花肯定比攻五张梅花套吸引力更大。要考量首攻的意义，需要对对手有所了解。比如，如果西家是永远攻最长套的牌手，方块2–2分布或东家持◇Q的机会相当接近。另外一方面，很多专家牌手更愿意攻四张高花(或♠QJ×、♠J10×或♡J10×)而不是J带队的五张梅花。对付他们时，你可以假定西家最多有六张高花，东家则是至少九张高花。在这种情况下，打西家持◇Q是显而易见的。

多数时候你不清楚西家的风格。那么我们的忠告是打基础概率，不去过多理会额外的信息。你和搭档每周都在一起打牌，尚且难以理解他为什么选择某个特定的叫品。尝试看透不认识的对手，不一定能解决问题，倒是更可能患上偏头痛。

因此，我们推断你从一个防家那里探出的信息(从他的跟牌中)是可靠的。他主动提供给你的则未必。面对这类问题时，你只能观察并尝试确定为什么他采取特定行动。考虑对手的其他选择来估计最可能的原因。他的选择经常很多，你无法得到确切的结论。这种情况下，你应该依靠基本概率，不要依据从某个对手有多种可能原因的行动中得到的脆弱推理行事。

## 本章课程

* 首攻和前几墩牌经常会告诉你首攻花色的分布。你可以从中知道敌方在这门花色上有几个赢墩。
* 当一个防家从危险的组合中首攻时(如:J××、Q××或 A×××),问问自己为什么。原因经常是其他花色同样危险。
* 谨防"蒙特·霍尔陷阱"。防守方通过叫牌和自己的持牌决定首攻。不要仅仅依据首攻(或叫牌)显示的花色长度就使用空位原理打牌。
* 防守方自愿提供的信息有多种可能的解释。永远要考虑某位防家采取特定行动的原因。

# 第七章　定位一张Q

定约成败取决于定位一个Q的情况比比皆是。有两种常见的局势：一个是下面的情况，你必须决定是敲还是飞：

另一种情况是双向飞牌：

面对这些局面，你的成功率如何？略超50%？因为没能找到Q而打宕了定约，你可以耸耸肩说："这完全是个猜断。"但真的是这样吗？你也许会回想起专家牌手对付你的时候，似乎有种找到至关重要的Q的神秘能力。

有几种技术能改善你在这些牌上的成功率，它们都包括某种计算。有时，一个似乎决定于猜断的定约会变成铁牌。

东西有局

首攻：♣Q

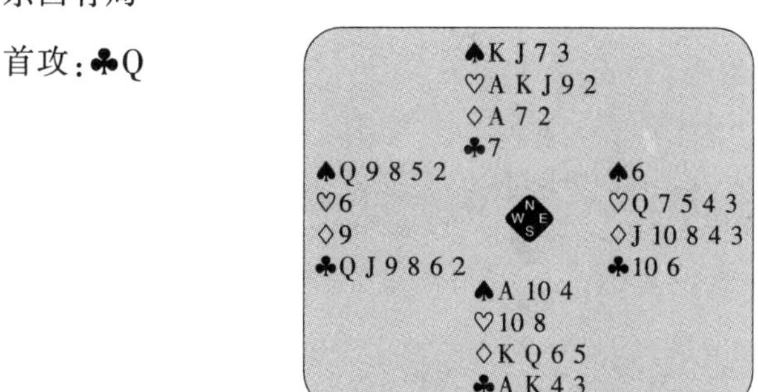


| 西 | 北 | 东 | 南 |
|---|---|---|---|
| | | | 1NT |
| 不叫 | 2◇ | 不叫 | 2♡ |
| 不叫 | 2♠ | 不叫 | 2NT |
| 不叫 | 3◇ | 不叫 | 3NT |
| 不叫 | 6NT | 全不叫 | |

你的1NT开叫表示15~17点。北家转移到红心，再叫自然的2♠逼叫到局，第三声叫出他的方块“片段”。在你否定任何花色上有配合后，他加叫到无将满贯。

你用♣K赢进西家首攻的♣Q，起♡10飞给东家的♡Q。东回攻梅花，完成了高-低信号，你♣A拿。你可以算出十一个赢墩——四墩红心、三墩方块、两墩梅花和两墩黑桃。如果方块是3-3分布你就可以摊牌了；否则你必须找到♠Q。你兑现方块赢墩，西家第二轮垫张黑桃。你立刻想到西家不会从♠Q下垫黑桃。西家在第三轮方块下再垫一张黑桃后，你确信♠Q在东家手里。所以你引黑桃到♠K，再打黑桃飞牌。你怎么会知道西家持十一张黑牌却在1NT后没有叫牌？

不走运吗？完全不是，因为你没有遵守黄金定律——延迟决定知道最后一刻。你兑现了方块赢墩，没有理由不兑现红心赢墩。你打第二轮红心时，西家垫张梅花，现在一切都清楚了。这是你可以计算东家的牌型——五张红心、五张方块和至少两张梅花，所以他最多有一张黑桃。然后你例行公事地兑现♠A(防范东家单张

♠Q),用明手的♠J 飞牌。你知道一定能飞中。

现在看一下这个单套组合:

要拿四墩,你似乎需要 3–2 分布并且西家持♣Q。如果这门花色是 4–1 分布,即使东家是单张♣Q 也没用,因为你抓不住西家的♣10863。但西家持单张大牌你能应付,这取决于你先兑现哪边的大牌。

能完全计算出防守方持牌的情况很少见,你经常得在局部计算后做决定,就像这副牌。我们把上面的单套组合放到整副牌中:

双方有局

首攻:♡J

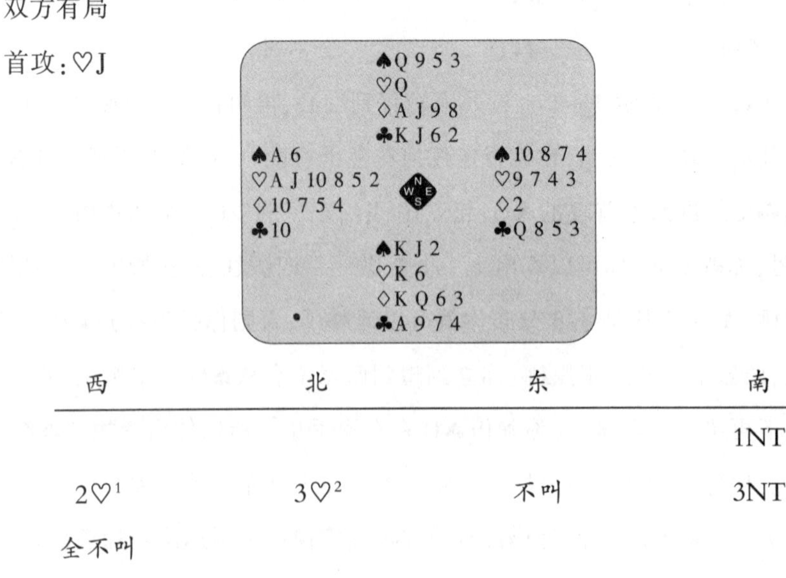


| 西 | 北 | 东 | 南 |
|---|---|---|---|
| | | | 1NT |
| 2♡[1] | 3♡[2] | 不叫 | 3NT |
| 全不叫 | | | |

1. 自然。

2. 斯台曼,否认♡挡张。

明手的♡Q 赢进第一墩,东家跟♡7,暗示是偶数张。你有七个顶张赢墩,但红心已被打穿使你不能顶出♠A。你所需的两墩牌唯有来自梅花。看上去明显的路线是兑现♣A,第二轮飞西家,特别是因为东家不会有很多大牌。毕竟他持四张红心都没有支持同伴。但不必急于打梅花。记着我们关于推迟打关键花色的忠告,你兑现◇AK,令你惊讶的是东家垫了张红心。你现在知道西家有十张红牌。因为东家保持沉默,西家肯定有♠A。这样西家手中只有两张未知的牌。

有两个线索显示西家的初始牌型是2–6–4–1,而不是1–6–4–2。第一,因为有六张黑桃和五张梅花在外,西家持两张黑桃和一张梅花的机会略大。第二,东家持5–4–1–3牌型比4–4–1–4牌型加叫的可能性更大(一定程度上取决于东家的风格,因为牺牲对方持平均牌型叫的3NT很少能成功,特别是在对等局况下)。

结论是西家像持单张梅花,你从手上打小梅花,西家跟♣10。他持♠A×和♣10的机会是♠A和♣Q10的五倍,所以你冒险上♣K并引出♣J。东家跟小,你放过,西家垫牌。小梅花到♣9是你的第九墩。

一旦你知道某门花色的分布,较长的那位防家持Q的概率更大。但重要的是不要机械地打牌,对隐含的信息视而不见。什么是隐藏的信息?试试这手牌:

双方有局

首攻:◇A

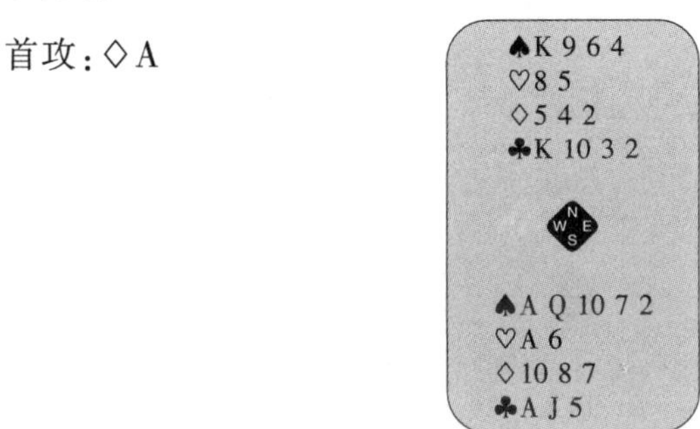


| 西 | 北 | 东 | 南 |
|---|---|---|---|
| 1◇ | 不叫 | 1♡ | 1♠ |
| 2♡ | 2♠ | 不叫 | 4♠ |

全不叫

西家连打◇AKQ,东家第三轮垫张红心。西家换攻♡2,你用♡A吃住东家的♡Q,两轮调光将牌。基于西家加叫红心承诺四张,你可以计算出西家的牌。西家有五张方块和两张黑桃，所以他是 2–4–5–2 牌型。你怎么打梅花？

东家持♣Q 的概率是四比二。计算西家的大牌点（◇AKQJ、♠J 和♡J），确定他没有♣Q 也能开叫。这很简单！你打梅花到♣K，再打梅花准备用♣飞牌……

等等！如果东家持◇Q×××，你能打成吗？答案是不能，因为你只能拿三墩梅花，还要输一墩红心。由于你需要四墩梅花，唯一的希望是西家持双张梅花带◇Q。兑现◇AK，如果西家的◇Q 跌落，你可以把红心输张垫在◇10 上。整手牌是：

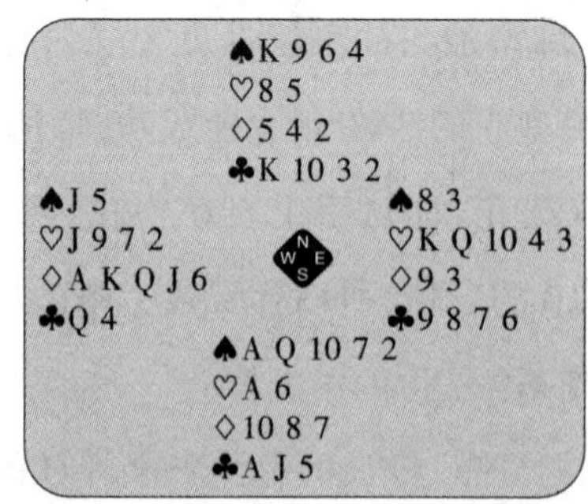


当你遇到真正的双向飞牌时，计算防守方的牌型并非总能指引你找到 Q。有时你必须计算牌型和大牌点来解决难题。在本章快结束的时候，你来试试找♡Q：

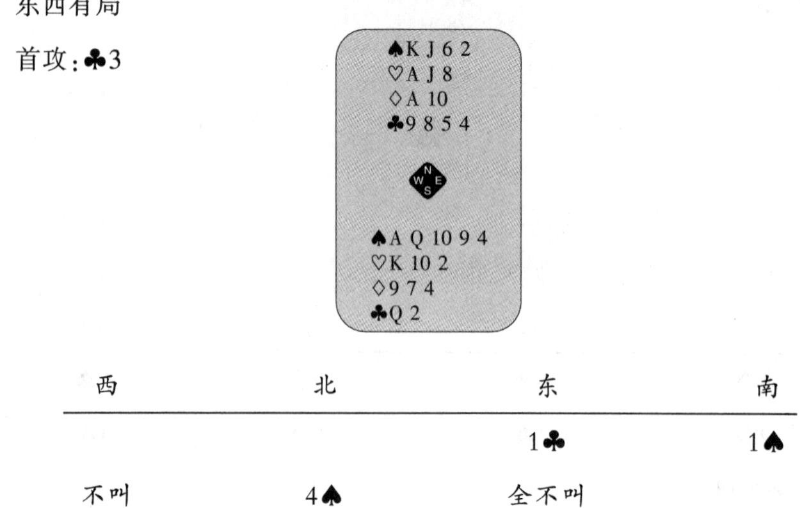


| 西 | 北 | 东 | 南 |
|---|---|---|---|
| | | 1♣ | 1♠ |
| 不叫 | 4♠ | 全不叫 | |

东家连拿♣AK，然后换攻将牌。你有八个顶章赢墩，将吃方块能给你第九墩，所以你必须找到♡Q 才能打成定约。东家的开叫提示他可能有这张关键牌，但当

然现在就孤注一掷还为时过早。还有大量的信息需要收集。

你用暗手的将牌吃住,打方块到◇A(东家跟◇J),大将吃一个梅花(西家跟梅花),然后打方块脱手给东家的◇Q。东家回攻第二轮将牌(西家跟牌),你将吃方块输张时,东家跟◇K。你将吃明手最后一张梅花,西家垫方块。

你明暗两手都剩下一张将牌和三张红心。你对东家的牌了解多少?显然,他持2-4-3-4或2-3-4-4牌型。大牌点呢?迄今为止你看到了♣AK和◇KQJ——十三点。那么,谁有♡Q?

说来奇怪,答案写在敌方的约定卡上。如果他们打15~17点的1NT开叫,你应该打西家持♡Q。如果东持♡Q就是一手十五点的均型牌,应该开叫1NT。但如果他们打12~14点的1NT开叫,你就应该打东家持♡Q:他开叫1◇是因为他的牌开叫1NT太强了。

如果对手使用15~17点的1NT开叫,整手牌大致是这样:

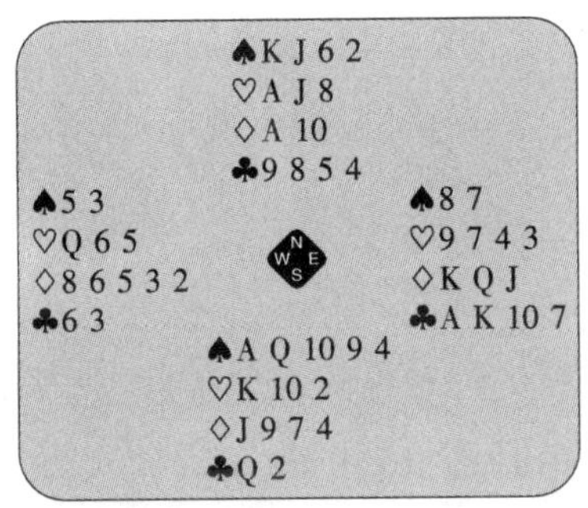


这些牌给你的主要教训是避免过早犯错误。通过计算防守方的牌型和大牌点,可以嗅出敌方大多数Q。

## 本章课程

* 推迟做出关键决定,知道最后一刻。
* 计算防守方的牌型,假定在这门花色上张数的一方持 Q。
* 在按某个防家持关键 Q 打牌之前,确保这样能解决你的问题。
* 记住叫牌。在心里定位关键的 Q,检查与他之前的行动是否相符。

# 第八章　寻找J

当你的定约看起来有很多赢墩时，很容易掉以轻心。例如，你是不是常常把这个单套组合看作四墩？

某个防家持♣×××大约有四分之一的机会。这么大的机会不容忽略。与其打宕定约之后耸耸肩说“分布太差”，不如通过计算防守方的牌改善取四墩的机会。显然，在其他花色上较短的防家，更不像这门花色上单张。如果你还记得的话，下面这个例子会变得很简单：

南北有局

首攻：♡9

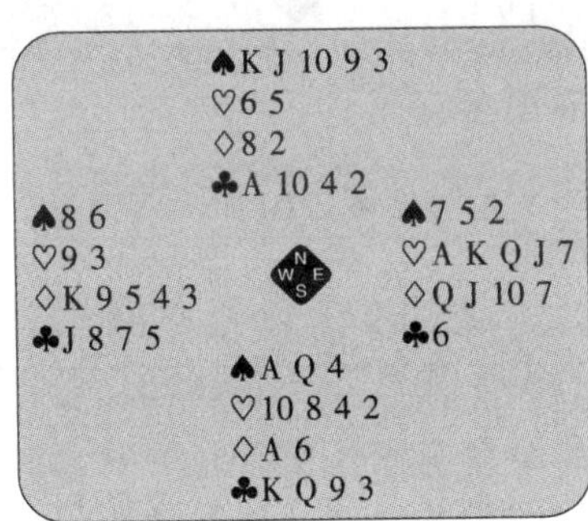

| 西 | 北 | 东 | 南 |
|---|---|---|---|
| | | | 1NT |
| 不叫 | 2♡[1] | 加倍 | 2♠[2] |
| 不叫 | 4♠ | 全不叫 | |

1. 转移。

2. 至少3张黑桃配合。

西家遵命首攻♡9。东家用♡J和♡Q拿了两墩后换攻◇Q。你只有九个顶张赢墩，所以你需要四墩梅花。你忍让第一轮方块，赢进续攻，调三轮将牌，将吃一次红心（西家在两门高花的第三轮上都垫方块）。

现在到了“猜”梅花的时候了。你对防守方的牌知道多少？东家有五张红心，三张黑桃和至少两张方块——十张非梅花。他不可能有四张梅花，所以你兑现暗手的两个梅花大牌，当东家第二轮垫牌时，你可以对西家的梅花做标定的飞牌。

九张配合缺J时更容易草率从事。打宕下一手牌是不幸的，但做关键决定之前先打其他花色的好习惯应该能带你避开幸运女神布下的陷阱。

南北有局

首攻：♠J

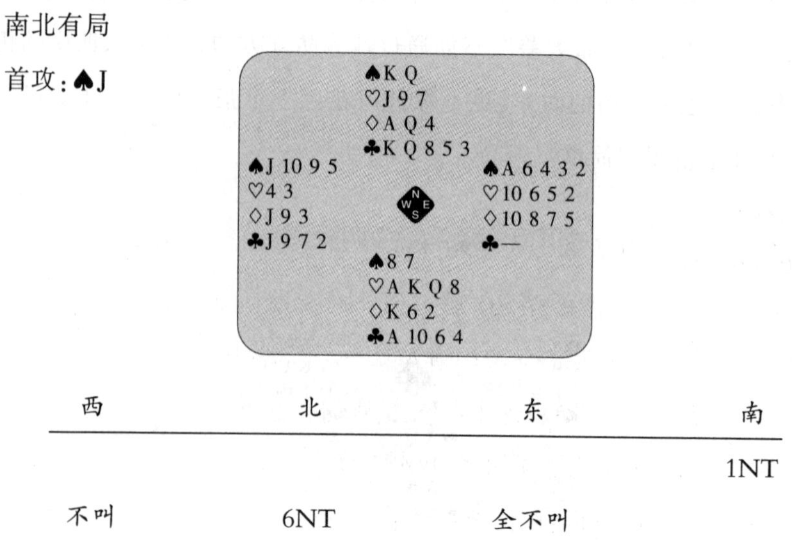


| 西 | 北 | 东 | 南 |
|---|---|---|---|
| | | | 1NT |
| 不叫 | 6NT | 全不叫 | |

东家♠A拿，回攻♠3到明手的♠K。你的赢墩似乎有点富余——一墩黑桃、

四墩红心、三墩方块和五墩梅花，总共十三墩。唯一可能的障碍是梅花4–0分布。当然，只要你先兑现正确的大牌，可以捉住任何一家的♣J9××。你必须判断哪个防家更像是梅花缺门。在动梅花之前做一些探索没有损失，你兑现◇AQ再打四轮红心，明手垫一张梅花（你不需要第五墩梅花），西家跟出两轮红心，然后垫◇J，又不情愿地垫掉♠10。

你对看不见的牌知道多少？假定东家的♠3是初始的第四大牌或来自♠A32是合理的。但如果东家只有三张黑桃，西家就有六张，那样垫两张黑桃是明显而无损的。所以，看来东家至少有四张黑桃，他跟出了两轮方块和四墩红心，不可能再有四张梅花。只有西家可能持♣J9××。你兑现◇A，东家垫黑桃，你深思熟虑的打法得到了回报。现在事情变得很简单，你引♣10，被♣J和♣Q盖打，然后用精心保留的◇K回手重复梅花飞牌。

在这些牌例中你遇到的是双向飞牌，但有时你需要在飞牌或敲下J之间选择，通常的花色组合是这类的：

明手
♣A Q 10 5

庄家
♣K 6 3

兑现♣AK之后，你朝♣Q10引牌，西家跟出最后一张小梅花。西家最初持♣×××还是◇×××？概率非常接近。除非叫牌或此前的打牌过程显示西家的梅花较长，你应该硬敲。但对整手牌的牌型计算经常能指出正确的分布。

只缺含J的五张牌时，除跌落J之外，其他打法的机会与之相差甚远。偶尔叫牌或早期的打牌会提示你忽略正常的概率打法。下一个牌例中，一个防家做过两套牌争叫，所以你知道他在关键花色上持短套：

南北有局

首攻:♣Q

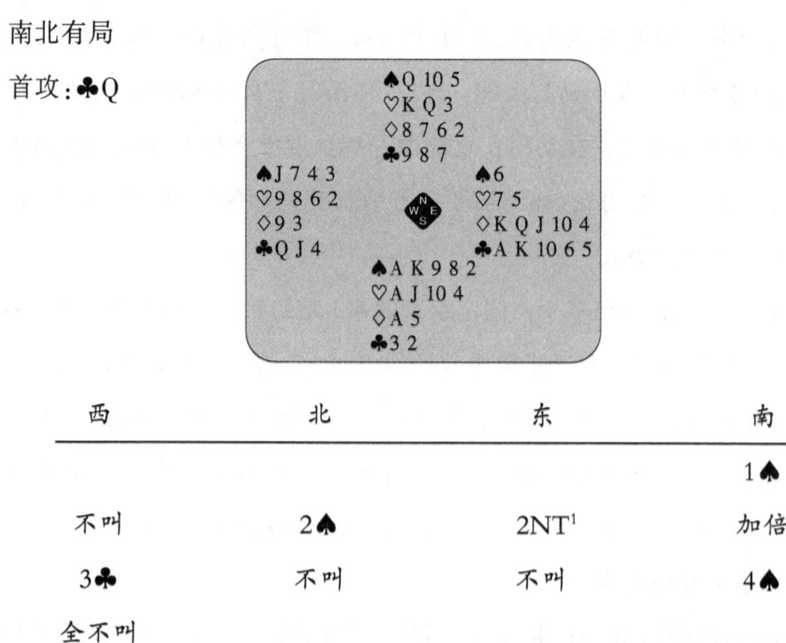

| 西 | 北 | 东 | 南 |
|---|---|---|---|
| | | | 1♠ |
| 不叫 | 2♠ | 2NT[1] | 加倍 |
| 3♣ | 不叫 | 不叫 | 4♠ |
| 全不叫 | | | |

1. 双低花。

东家用♣K超打后换攻◇K。防守方有三墩牌,所以你无法承受输一墩将牌。叫牌明确显示如果将牌4-1分布一定是东家短,但你应该打这门花色3-2分布还是飞♠J?你用◇A赢进转攻后打♠A,两位防家都跟小牌。你朝明手引小黑桃,现在必须决定了……

东家最多有三张高花。如果其中两张是黑桃,他不会寄希望于同伴有一个高花A,第二墩转攻红心谋求将吃吗?这似乎是显而易见的防守,所以你应该把东家持2-1-5-5牌型排除在外。东家可能持♠J××,没有红心吗?也许会,但那样他会超打同伴的♣Q吗?他大概会给出花色选择信号,试图让同伴给他将吃。所以东家的初始牌型也不像3-0-5-5。所有这些证据都显示黑桃是4-1分布,你自信慢慢的摆上♠10。东家垫牌之后,你调光将牌并摊牌完成定约。

有时你找J时存在选择,在这类牌中最好是推迟双向猜断的决定。如果天色还早,下一副牌你可以盖上防守方的牌,坐到庄家的位子上去:

东西有局

首攻：♠J

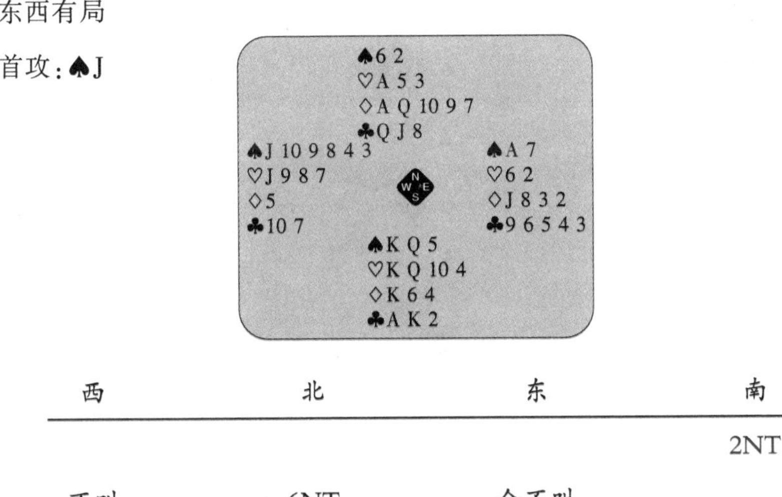


| 西 | 北 | 东 | 南 |
| --- | --- | --- | --- |
| | | | 2NT |
| 不叫 | 6NT | 全不叫 | |

东家♠A拿后回♠7到你的♠K。计算你的赢墩，你可以看到两墩黑桃、三墩红心、三墩方块和三墩梅花——十一墩。你在两门红花色上都有机会取得第十二墩，应该先处理哪门？

按照一般原则，你应该推迟决定如何打方块，因为这门花色上有双向飞牌。你以兑现红心顶张开始，但东家第三轮垫牌，这里没有惊喜。现在你需要第四墩方块把你的满贯带回家。兑现你的另一个黑桃赢墩不会有损失，当东家再垫一张梅花时，你已知西家的十张牌了——六张黑桃和四张红心。你的定约现在100%可以打成，你看出为什么了吗？

为了填上拼图的最后部分，你兑现♣AK（记着给明手留一个进张）。如果西家在任何一张梅花上垫牌，方块就是3–2分布。当他跟出两轮梅花，你知道他的方块不可能超过一张，所以你兑现◇A，自信地引◇10飞过。现在你可以兑现◇K，用梅花回到明手，◇Q是你的第十二墩。

有时你的定约似乎取决于一个J处于有利位置。但这可能只是欺骗性的表象……

双方有局

首攻：♠5

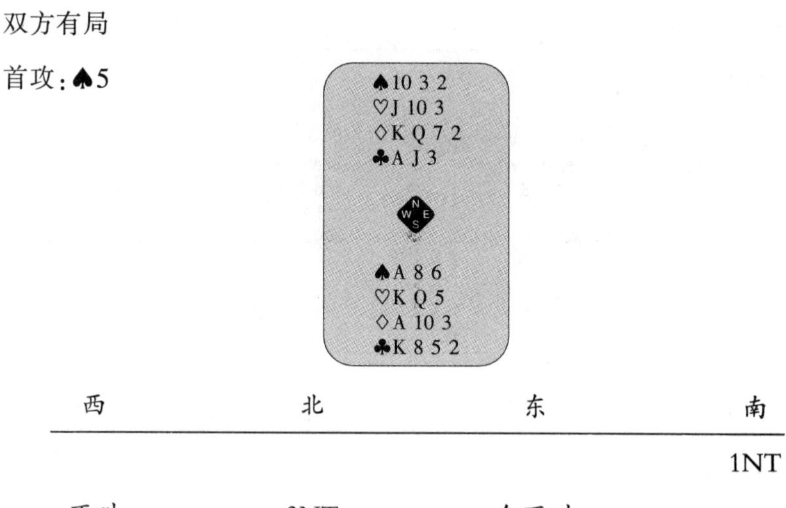


| 西 | 北 | 东 | 南 |
|---|---|---|---|
| | | | 1NT |
| 不叫 | 3NT | 全不叫 | |

你忍让到第三轮才用♠A 拿，东家在垫一张红心之前跟出♠Q 和♠7。计算你的赢墩，你有六墩牌——一墩黑桃、两墩梅花和三墩方块。你可以依赖在每门低花上都拿到四墩打成定约，但这需要两门低花上非常特定的分布。好一点的办法是希望东家持♡A，那样你可以安全地树立起八墩牌。

你打♡K 拿到这墩，确定了东家持♡A。现在你打小梅花到♣J，如果吃到，你可以在红心上建立第九墩。但东家♣Q 取，兑现♡A 后用红心脱手(西家跟出)。你兑现♣K 时，西家垫黑桃，所以他的初始牌型是 5–3–4–1。西家有四张方块，东家有两张，怎么打的机会最佳？

至此很多牌手会兑现◇AK，希望东家持◇J×，打算用♣A 进入明手解决方块上的堵塞问题。不过，东家持◇J×出现的机会只有三分之一(十五之五分)。你能改善这个一比三的机会来打成定约吗？

试试引◇10，西家跟小就飞过的效果。这一计划是打东家持双张带◇9 或◇8——有十五分之七的机会。取到四墩方块的机会仍然不算很大，但已经是最好的打法了，当整手牌如下时，你将得到奖赏：

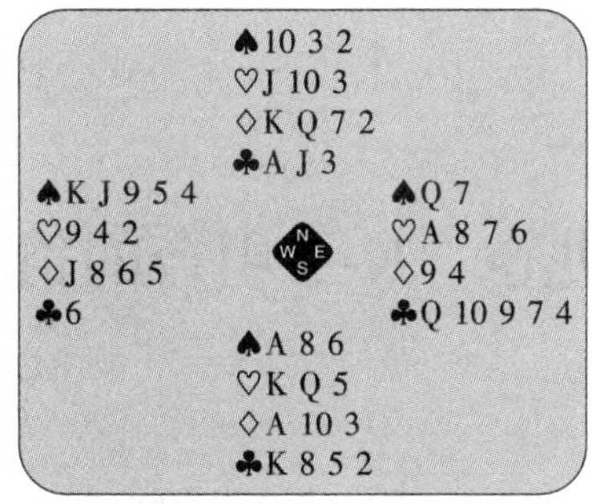


发现足够的信息以做出致胜的决定需要耗费不少精力，但带来的回报是合算的。

## 本章课程

* 检查是否可能抓住任何一家的 J×××。
* 计算捕获 J9××或 J10××需要几个进张。
* 计算一个防家在其他花色上的张数，经常能排除他在关键花色上持 J×××的可能。然后你可以设计对付另一个防家的办法。
* 一门花色只缺 J 带头的四张时，尝试排除一个防家缺门的可能性。
* 在做出决定之前，想想防守方持各种可能的牌时会怎么打。
* 遇到双向找 J 的局面时，尽量推迟做决定。

# 第九章　K-J组合的猜断

我们一直在讨论如何成功定位关键大牌，现在我们转入一个每位牌手都很熟悉的局面，因为经常会遇到：你在一门缺A和Q的花色上需要一墩牌。同样，你可能注意到了，专家牌手似乎猜断正确的时候比你多得多。虽然这种局势经常被认为只是单纯的猜测，但通常会有一些线索指引你。是的，我们在第六章见过两个如何通过计算解决的牌例。这是两个K-J组合的基本形式：

如果任何一个防家持A和Q，你怎么打都一样。大牌分家时你的判断是决定性的。对庄家来说，定约成败取决于在这门花色上“猜断”正确可能很明显。但防守方尚未知道这一点，所以打这门花色的时机很重要。作决断时经常要考虑心理因素。

在花色定约上，处理这类问题有两种方式。一是推迟动这门花色直到最后一刻，预期那时会有足够的信息帮助你猜对。这一策略的弊端是有水平的防家也明白问题所在了，西家总是会不动声色地放小。另一个选择是第一次机会就打这门花色，希望西家持A时给你答案。在花色定约打牌的早期，防守方面临让庄家有一个输张的花色变成没有输张的压力：

多数庄家会尝试在防守方尚未了解清楚局势时滑走一墩；因而如果你早期打这门花色，西家持A经常打出。所以如果西家迅速放小，A很可能在明手后面。

现在想一下西家在下列组合中会怎么打：

比如庄家让明手赢进首攻，马上打小梅花到♣K。如果西家♣A吃进，庄家几乎是被迫飞死东家的♣J。专家级的西家会平静地放小，庄家下次很可能猜错。

现在坐到庄家的位置上。你现在可以看出早期朝K-J引牌的好处了，特别是已知西家是一位专家牌手时：

如果你在打牌的早期朝暗手的K-J引牌，这时看起来出哪张大牌是猜断。但出K成功的机会更大。为什么？因为即使你猜错了，一位高水平的西家可能会持♣A××忍让，希望使你持♣KQ10时面临第二次猜断。

心理学说够了！作为一本讲解计算的书，我们假定你更喜欢推迟"猜断"的技术手段。

双方无局

首攻：♣K

♠K J 8 4
♡A J 9 3
◇K 3
♣9 7 5

♠7 3
♡K Q 10 7 6
◇A 7 5
♣A 8 4

| 西 | 北 | 东 | 南 |
|---|---|---|---|
| | | | 1♡ |
| 不叫 | 3NT[1] | 不叫 | 4♡ |
| 全不叫 | | | |

1. 均型，加叫到 4♡。

你赢进首攻后调三轮将牌，东家都跟了，西家垫一张梅花和一张方块。看来你一定要丢两墩梅花和♠A，所以定约的成败取决于能得到一墩黑桃。你兑现方块顶张，将吃第三轮方块，两位防家都跟了（西家第三轮跟出◇Q）。你用梅花脱手时，西家用♣10 拿后兑现♣Q。东家跟梅花，说明他最初持♣62。西家续攻小黑桃，现在是决断的时候了。你的决定仅在大牌分家时有意义，但应该出哪一张牌呢？

你设法推迟关键猜断到第十墩，所以已经得到了大量的信息。实际上，你已有西家持牌相当精确的图景。你准确知道他的梅花和红心，他的持牌只剩两种可能性（他跟出三轮方块，垫了一张方块）。他一定是持下列两手牌之一：

| | | |
|---|---|---|
| ♠？ ××× | | ♠？ ×× |
| ♡× | or | ♡× |
| ◇Q××× | | ◇Q×××× |
| ♣KQ10× | | ♣KQ10× |

那么，到此为止你搞清西家持哪张黑桃大牌了吗？我们从回顾打牌过程开始。

无论持哪一手牌,都同样会首攻♣K,但这里有个关于牌型的线索。西家先垫的是梅花而不是方块,这更像是持前一手的4–1–4–4牌型。持五张方块,多数防家会把第五张牌看作多余的牌,会第一时间垫掉。确定了西家最可能的牌型,对你的问题——他有那张黑桃大牌有帮助吗?

从早期打牌中西家第二张垫方块可以得到一个脆弱的推论:持♢Q×××和♠A×××,他似乎更可能放弃一张黑桃,而不是削弱他的方块。但如果在两门花色上都是Q×××,基于明手这两门花色的长度,他会更倾向于垫方块。

做决定之前再回顾一下叫牌。西家在你开叫1♡后不叫。持♠A×××和单张红心、♢Q×××和♣KQ10×,难道西家会不做排除性加倍吗?唯一的解释是他没有♠A。

所以你放上♠J,整手牌如下:

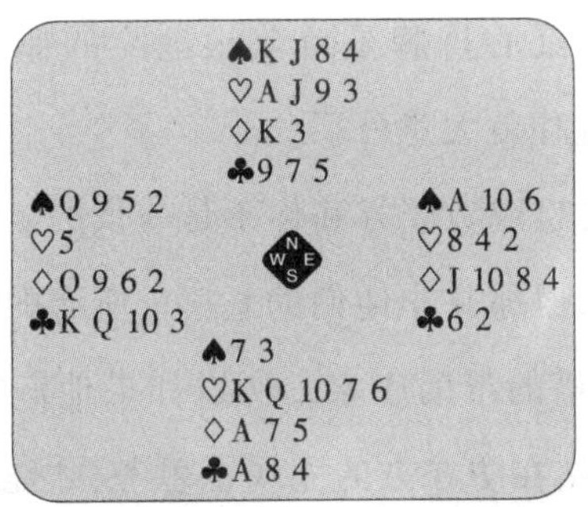


对这手牌而言,西家的叫牌(或不叫)是个清晰的线索。为了认识到这一点,你必须从打牌过程中构想西家持牌的图景。下一手牌将讲解打牌过程本身具备的启发性:

双方无局

首攻:♣10

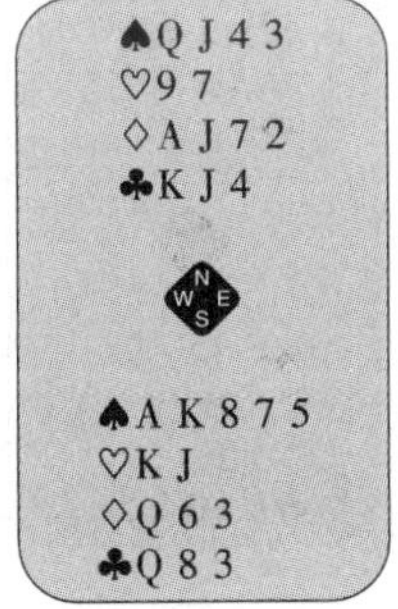

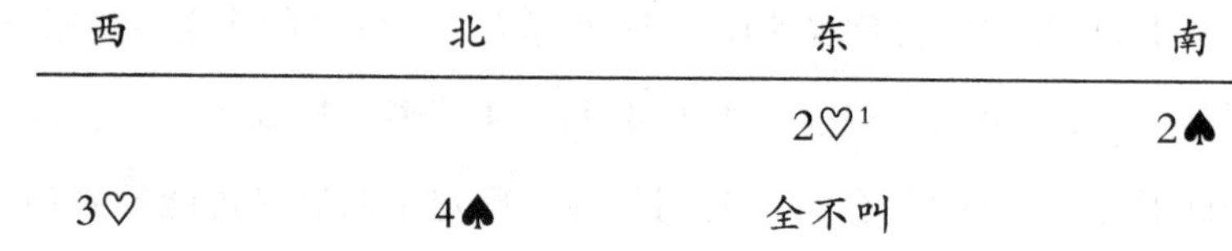

| 西 | 北 | 东 | 南 |
| --- | --- | --- | --- |
| | | 2♡[1] | 2♠ |
| 3♡ | 4♠ | 全不叫 | |

1. 5–9 点,6 张套。

东家♣A 转攻♡10。你出♡K 还是♡J?

叫牌对你有帮助吗?没有,因为在无局第一家的位置上,大多数牌手无论持♡Q10××××或♡A10××××和一个边花 A 都会开叫弱二。同样,大部分应叫者也倾向于在西家的位置上持一手破牌加叫。他拿着◇K 和无论♡A××或♡Q××都肯定会加叫。

那这只是猜吗?不,完全不是。你应该问自己的问题是为什么西家没有首攻红心?持♡Q××他无疑会攻同伴的套,而不是攻♣10 领队的梅花套。唯一可能的解释是西家的红心持牌是首攻很危险的那种——♡A××。

出♡J,如果被♡Q 吃住就太意外了。

作为庄家,永远不要忘记防守方和你不是一伙的。当然,我们都曾一次又一次地收到他们送的大礼,但那并非他们的意愿。所有的防家都会犯错误,但真正防守好的牌手很少会离谱的帮助庄家。所以如果他们好像这么做了,你要小心特洛伊木马。设身处地站在防守方的立场上思考,才能发现他们的真实目的。

带着这一提示,下一手牌你会如何处理黑桃?

东西有局

首攻:◇K

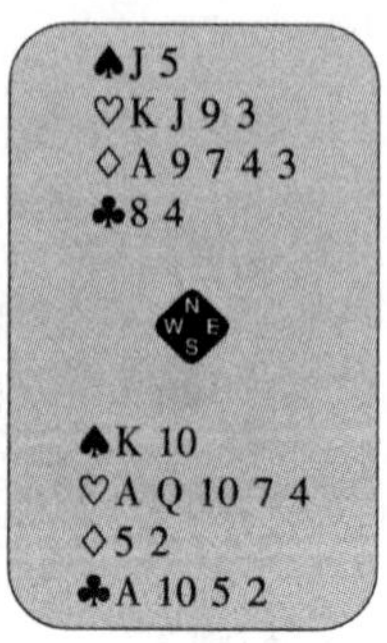

| 西 | 北 | 东 | 南 |
|---|---|---|---|
| | | | 1♡ |
| 不叫 | 3♡ | 不叫 | 4♡ |
| 全不叫 | | | |

你用◇A拿,让送一轮梅花,西家用♣7吃住。明手赢进回攻的将牌后,你打梅花到♣A(西家跟♣Q),将吃一个梅花,西家垫♠8。你送出方块时,东家将吃并回♠6。你出♠K还是♠10?

这里有两个线索,都指向相同的结论。第一,考虑叫牌。西家显露了◇KQJ108、♣Q和最多两张红心。即便是有局方,如果他还有♠A,都可能会争叫2◇。更重要的线索来自东家的防守。显然,他可以在第二轮方块上垫牌,让他的同伴赢进这一墩。他的同伴并没有被投入的危险,他有很多方块可以脱手。东家也知道你没有赢张来垫掉任何一手的黑桃。那么,他为什么要奋力进手引出黑桃呢?

我们假设一下你的黑桃是类似♠K3这样的组合。那样你会将吃梅花输张,调将停在明手,然后呢?是的,除了打东家持♠A,朝♠K引黑桃之外没有别的选择。东家并不知道你有♠10,所以从他的角度看,似乎让你自己打你总能打成。假设东家是个好手,你可以相当肯定他是在设法给你提供一个原本不存在的选择。叫牌和打牌显示的证据都指向你应该上♠K,并预期会赢得这一墩。整手牌是:

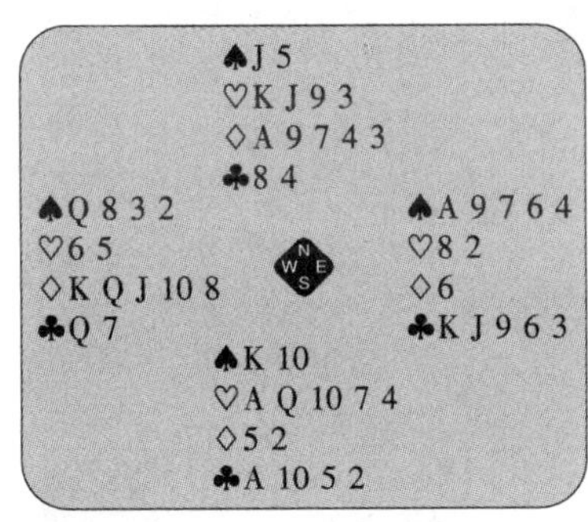


最后一点,请看下这个组合:

你需要在这门花色上拿两墩,你如何评估自己的机会?

你的前景介乎于很差和极差之间;但如果西家引出这门花色,你只需要他有 Q。带着这个想法,暂时坐到西家的位子上:

假设决定出这门花色,你更喜欢持哪个持牌?如上面庄家持♣10××的局面所示,持♣Q 引牌损失一墩的机会很大。在花色定约上,从♣A 下引牌有一个附加的好处是,同伴持♣Q×时(并且庄家猜错),你可以给同伴将吃。如果防守方主动引出一门你存在 K-J 猜断的花色时(比如 KJ××对××),你应该按他持 A 而非 Q 打牌。

## 本章课程

* K-J 局势有多种形式。
* 基于哪种牌在暗手,哪张牌在明手,防守方可能了解或不了解你确实存在 K-J 猜断。
* 如果西家有 A,早期朝明手的 K-J 组合引牌,他经常会上 A。
* 你通常应该推迟在“猜断”花色做决定,因为计算防守方的牌型和牌点经常能让你猜对。
* 如果一个好牌手给你一个原本不存在的 K-J 猜断,上 K(没有他的帮助你必须的打法)是致胜的打法。
* 如果一个好牌手早期主动穿梭明手的 K-J,他更像持 A 而不是 Q。

# 第十章　利用防守方进行计算

我们再三强调当你知道防守方牌型时打牌会变得更容易。搜集牌型信息的主要渠道是兑现赢张时留意防守方的跟牌和垫牌。这样采集的数据是有保证的——如果一个防家在一门花色的第三轮垫牌,你可以肯定他这门是双张。从叫牌中了解的信息也近乎可靠。比如 1NT 开叫人通常是均型牌，点力在一个特定的范围内。同样,如果一位牌手第一家不叫,你可知他的持牌少于十三个大牌点。

基于防守方信号的推理则不那么可靠。但有些局面下，你可以合理地相信他们的信号是真实的。例如,敌方首攻一门花色中最小的一张,他们的约定是首攻长四,那么他很少会是从五张套中引出的。类似的,如果引牌人的同伴用高-低信号表示欢迎或偶数张,他这门花色一般不会是三张小牌。防守方的难处在于不得不给出诚实的信号,因为他们误导同伴的风险很大,作为庄家你要利用他们的两难处境。

当你与某对牌手对抗好几副牌时,很容易测试出他们信号的精确度。比如,你是早期的一副牌上的庄家,在 4♠上有十一个顶张赢墩,一门边花是◇KQ×对◇A××。在第二墩朝◇KQ×引牌,看看防守方的张数信号。打完这手牌后,偷偷地检查他们的信号是否诚实。这一信息在以后真正遇到问题时可能很有用。

大多数好牌手在一副牌的早期给出的信号是诚实的。同样,在打牌的后期则不打信号。带着这个提示,你如何处理下面这手牌?

双方无局

首攻：♣6

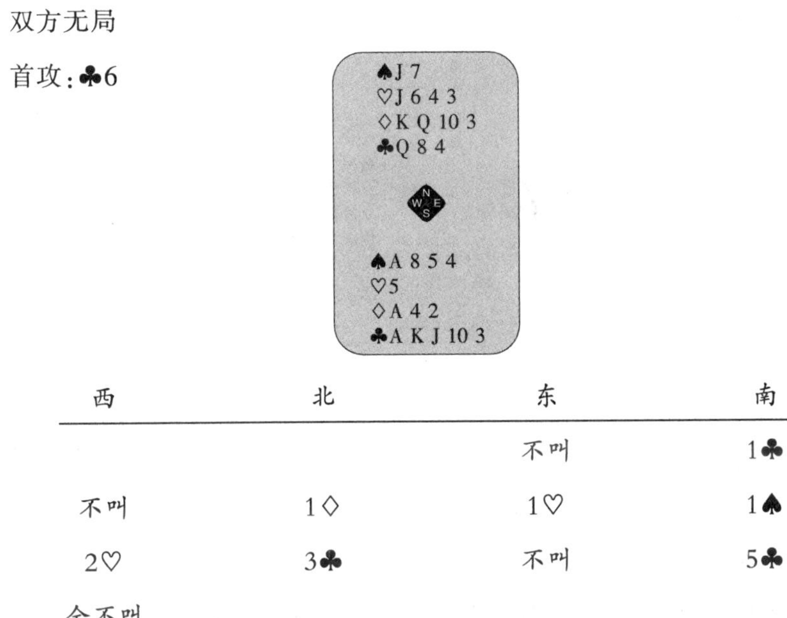


| 西 | 北 | 东 | 南 |
|---|---|---|---|
| | | 不叫 | 1♣ |
| 不叫 | 1◇ | 1♡ | 1♠ |
| 2♡ | 3♣ | 不叫 | 5♣ |
| 全不叫 | | | |

你用♣10 赢进第一墩。现在怎么打？多数牌手会让送一墩黑桃，计划赢得将牌回攻后，兑现♠A，在回手调将之前将吃一个黑桃，然后猜对方块来处理剩下的黑桃输墩。看出有什么办法能改善你的机会吗？

有一点远见能使你的任务变得简单些。第二墩试试打方块到◇K 的效果。西家跟◇8，东家跟◇9。然后你按上述路线打牌，但现在你抓住西家的◇J865 毫无问题，因为两个防家都在第二墩跟出了偶数张信号。你说："但他们可能不给出准确的信号。"这是对的，但是不像。在你方块单张的时候，西家几乎必须给出正确的信号，那样东家才知道是否该用◇A 拿。如果你在动方块之前将吃黑桃输张，敌方在方块上前两轮的跟牌次序不会给你任何信息。那种情况下，两个防家都知道给张数信号只会帮助你，而不是他们。

上面这手牌，一个防守信号帮助了你判断关键花色的分布。下一手牌中，敌方泄露了一张大牌的位置。如果你感觉自己很清醒，请遮上东西家的牌试试主打：

东西有局

首攻：♣3

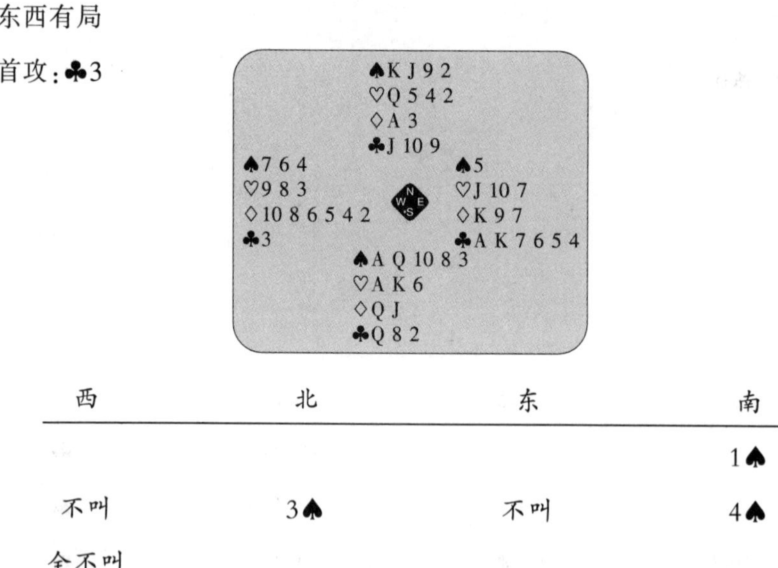


| 西 | 北 | 东 | 南 |
|---|---|---|---|
| | | | 1♠ |
| 不叫 | 3♠ | 不叫 | 4♠ |
| 全不叫 | | | |

东家♣K 赢得首攻，兑现♣A（西家垫一张方块），引♣4 给西家将吃。西家转攻的方块把你带到决断点。你会飞牌吗？

空位理论告诉你西家更可能持◇K，因为他有十二张非梅花对东家的七张——63%。这个概率看起来不错，不是吗？与其相信这一概率，不如相信防守方是正常人。如果西家持◇K，在你可能有无支持的◇Q 时，他真的会转攻方块吗？

你还要问问自己为什么东家回攻的是♣4，一个明显要求回方块的花色选择信号，你知道他的选择还有♣7、♣6 和♣5。东家可能打假牌吗？肯定不会，如果西家持◇KJ，转攻方块只会损失一墩，永远也不会赚。所以你可以肯定如果东家是一位好手，他只会在持◇K 时才会要方块。你应该相信东家的信号和西家头脑清醒，用◇A 停住。打光五轮黑桃后，你开始动红心。你将在红心 3–3 分布或挤牌成立（持◇K 的人同时持四张以上红心）时取得十墩。

有很多情况下你都能迫使清醒的防守方打出诚实的信号。请看下面这手牌中东家的牌：

双方无局

首攻：♡6

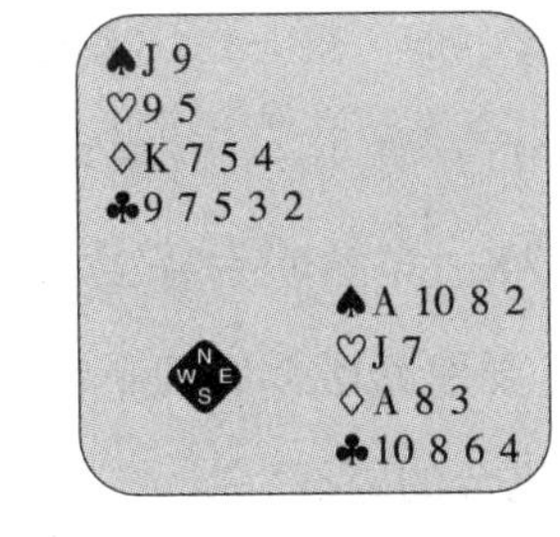


| 西 | 北 | 东 | 南 |
|---|---|---|---|
| | | | 2♣ |
| 不叫 | 2◇ | 不叫 | 2NT |
| 不叫 | 3NT | 全不叫 | |

第一墩你的♡J被♡K吃住，庄家引出◇Q。西家跟◇2，你忍让。现在庄家继续出◇J，同伴跟◇6，你还忍让吗？

明手没有明显的进张，同伴的低–高信号（表示方块是奇数张）告诉你应该再次忍让，庄家无法取到三墩方块。如果同伴打出高–低信号（表示偶数张），你应该赢进第二轮方块。如果同伴是四张，庄家总共只能取一墩方块，如果庄家和明手的方块是4–4配合，你无法阻止他拿三墩方块。

现在换到南家的位置上考虑你该怎么打下一手牌：

双方无局

首攻：♡4

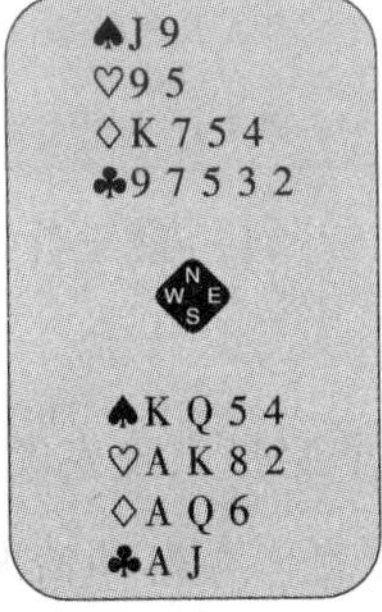

| 西 | 北 | 东 | 南 |
| --- | --- | --- | --- |
| | | | 2♣ |
| 不叫 | 2◇ | 不叫 | 2NT |
| 不叫 | 3NT | 全不叫 | |

首攻到东家的♡J和你的♡K。虽然联手有27个大牌点，你却只有六个顶张赢墩；黑桃上还可以发展两墩。要取九墩你有两个机会——方块3-3分布或飞中♠10。但是没有安全组合两个机会的路线。

一个可能的路线是顶出♠A然后打方块3-3分布。先试方块不在选项之列——如果不是好分布，你没有足够的进张在不给敌方建立五墩的情况下飞黑桃并树立起三墩。另一个选择是直接飞♠10，如果飞中你可以顶出♠A并摊牌宣称九墩。但如果东家持♠10，西家持♠A，防守方将树立并兑现三墩红心，即使方块平均分布你也宕掉了。你能改善这些机会吗？

看起来你只能猜，但也许你最终能组合这些机会。试试第二墩引◇Q的效果。两个防家大概都会给出真实的信号，因为同伴可能有◇A。如果两位防家都跟小牌，你应该假定方块是平均分布。你希望整手牌是：

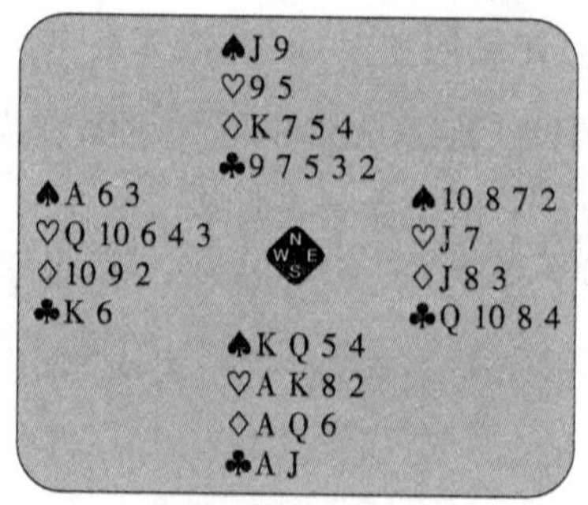


如果两个防家都跟出较大的号码(可能一个是双张，一个是四张)，你第三墩就打黑桃到♠9。

有一些局面下防守方必须在早期打出真实的信号。如果你希望知道某门特定花色的分布，请站在防守方的角度思考在各种情况下你会怎么打。在上面这手牌中,如果庄家引出◇A 而不是◇Q,你会怎么给信号——两位防家肯定不管持几张都跟小。是的,防守方对付你的时候可能打出诚实的信号,但他们没有真正的理由这么做。但当你引◇Q 时,好防家几乎必须告诉你真实情况。

## 本章课程

* 首攻和早期的信号通常是诚实的,你可以靠信赖这些牌张获利。
* 如果你需要防守方告诉你特定花色的分布,不要等到他们知道不要打信号的时候才动这门花色。
* 在长距离的比赛中,应该在早期测试敌方的信号是否诚实。
* 通过留意敌方的花色选择信号来定位缺少的大牌。
* 通过站在敌方的角度思考来衡量信息的真实性。如果你认定他无法承受打假牌骗同伴的后果,就认定这一信息是可靠的。

# 第十一章　庄家的信息整合

本书的第二部分贯穿始终的是在各种情况下的计算如何帮助你做庄。你可以看到专家级牌手对付你的时候使用的技巧。在本部分的最后一章,我们将看一些专家的实战,那些乍一看比之前那些难得多的牌例。

你对这些牌的第一反应可能是“我永远也学不会这样打。”但仔细阅读每副牌的讲解后,你会认识到找到这些解决方案背后的理由,并不比计算到十三更难。

双方无局

首攻:◇A

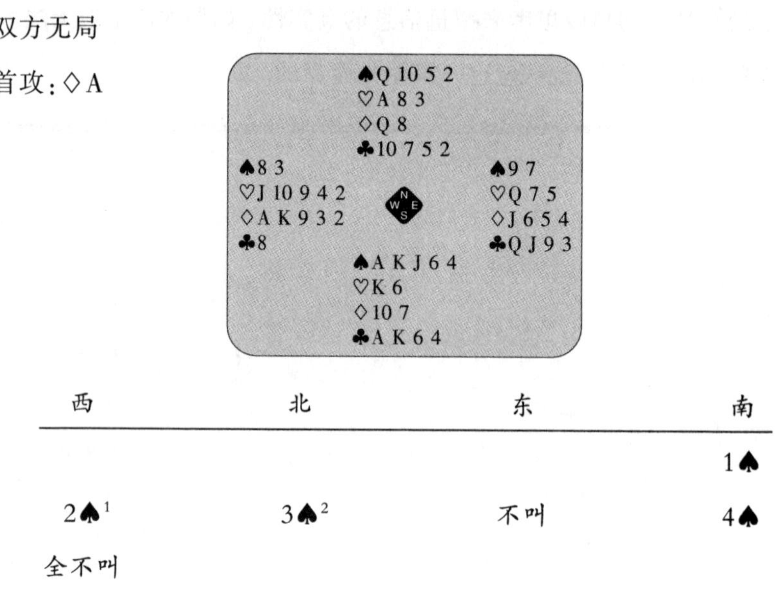


| 西 | 北 | 东 | 南 |
|---|---|---|---|
| | | | 1♠ |
| 2♠[1] | 3♠[2] | 不叫 | 4♠ |
| 全不叫 | | | |

1. 红桃+低花。

2. 弱牌,比限制性加叫牌差。

西家兑现◇AK后转攻♡J。庄家暗手赢进,用♠AK调将,打红心到♡A并将吃明手的最后一张红心。你能看出他下一步会做什么吗？为什么？

西家的十二张牌已经知道了——十张红牌和两张黑桃。希望他的第十三张牌是比♣3大的梅花，庄家从手上引小梅花，西家跟出♣8时忍让，置东家于一个选择。东家看出让西家的♣8拿，西家将被迫让庄家将吃垫牌，所以♣9盖打并回出♣3。但庄家已经洞悉西家没有梅花了，于是手上放小，拿到三墩梅花和七墩高花打成定约。

双方有局

首攻：◇8

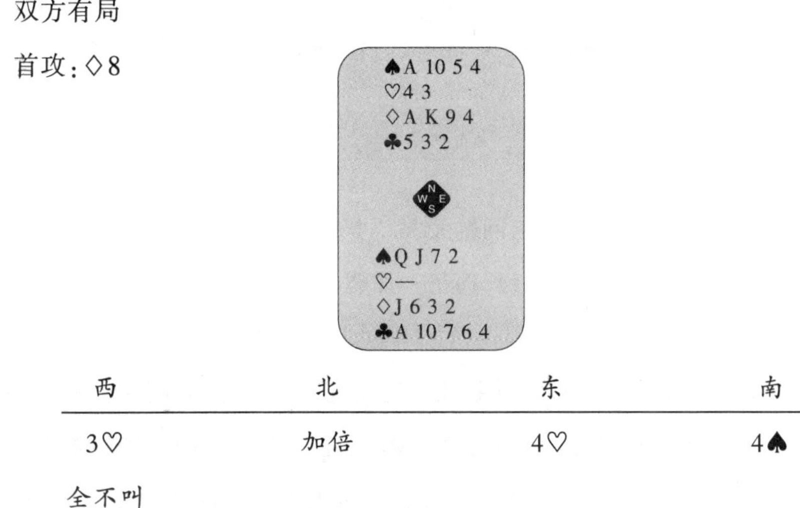


| 西 | 北 | 东 | 南 |
|---|---|---|---|
| 3♡ | 加倍 | 4♡ | 4♠ |

全不叫

计算做出阻击叫的敌方的牌型，有时能让你避免遭到将吃。说句题外话，如果做出过阻击叫的防家攻出其他花色，那多半是个单张。

在这里，你用◇A赢进首攻，立即将吃一个红心。♠Q拿到下一墩，你再打黑桃到♠10时，两个防家都跟小牌，然后你用最后一张将牌将吃明手的第二张红心。

你可以数到九墩——六墩将牌（包括将吃两次红心）、两墩方块和♣A。取得第十墩直截了当地方式是朝明手打方块，如果西家垫牌，你◇K拿后调将，再朝◇J引方块就能打成定约。

但西家看穿了你的打法，他将吃后引♡Q。现在是建构防守方牌型的时候了。西家有三张黑桃，可能有七张红心，还有一张方块，所以是两张梅花。这个计算是推论性的，因为红心可能是8–3分布，但你没有办法核实，所以只能做一个“有依据的推断”。如果你认定西家的牌型是3–7–1–2，那东家的牌型就是2–4–4–3。残局是：

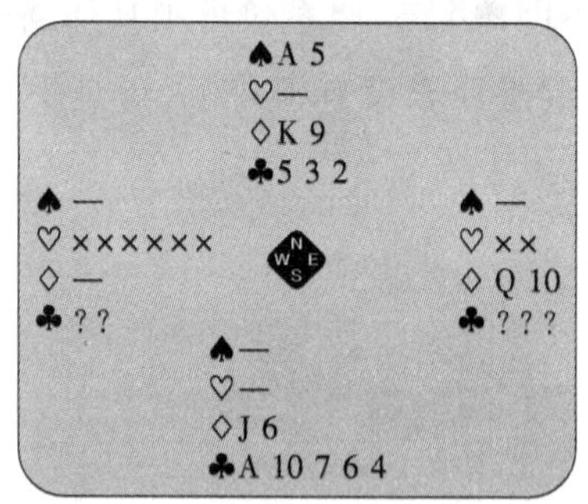


“×”的意思是这些牌的价值与问题无关，“?”是指未知的牌张，可能是大牌。重要的信息是根据你的计算，东家持长梅花。你能看出如何利用这一信息把定约带回家吗?

你必须将吃西家攻出的红心并忍让一轮梅花。不管谁赢进这墩梅花，你用明手最后一张将牌将吃回攻的红心，兑现♣A，在第十一墩用第三轮梅花脱手，只有东家能吃到这墩。因为已知东家剩下的两张牌是◇Q10，他无法阻止你用◇J得到第十墩。

挤牌经常被认为是专家牌手的专属领域，但维克多·莫洛笔下可怜的兔子(《动物园里的桥牌》系列中的人物——译注)经常指出，如果你只管兑现你的赢张，防守方经常会垫错牌。当然，真正的挤牌发生时，防守方垫哪张牌都无关紧要。但在之前的章节我们曾经见到过，重要的是知道哪个“输张”在防守方被紧逼时能变成赢张。下一手牌中，庄家只需按照正确次序兑现赢张，同时他必须计算。

南家对罗马关键张问叫的回答显示两个关键张和将牌Q，北家的5NT是大满贯试探并确认关键张到齐。南家认为他第六张黑桃加上阻击叫给出的信息足以让他尝试大满贯。

南北有局

首攻：♣K

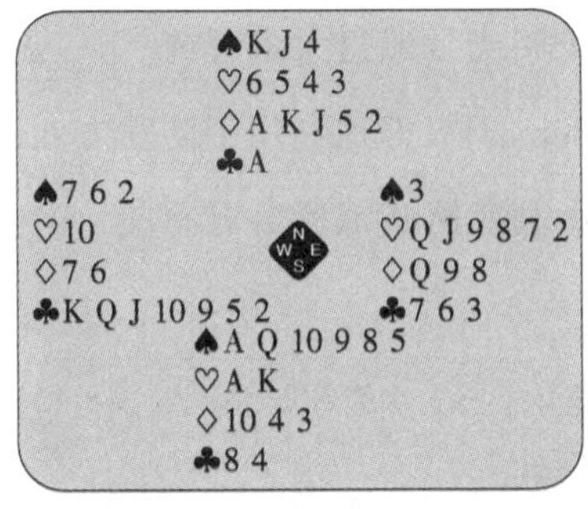


| 西 | 北 | 东 | 南 |
|---|---|---|---|
| | | | 1♠ |
| 4♣ | 4NT | 不叫 | 5♠ |
| 不叫 | 5NT | 不叫 | 7♠ |
| 全不叫 | | | |

庄家♣A 得后用♠A 超打明手的♠K，用♠J 将吃第二张梅花然后调将。他现在至少知道十张西家的牌——七张梅花和三张黑桃。为了获得更多信息，他兑现♡AK。西家在第二轮红心上垫牌，东家标明有六张红心和至少三张方块。显然，飞方块毫无意义——如果西家有◇Q 也将在◇AK 下跌落。庄家遵循一般原则继续兑现两轮黑桃。剩下的牌是：

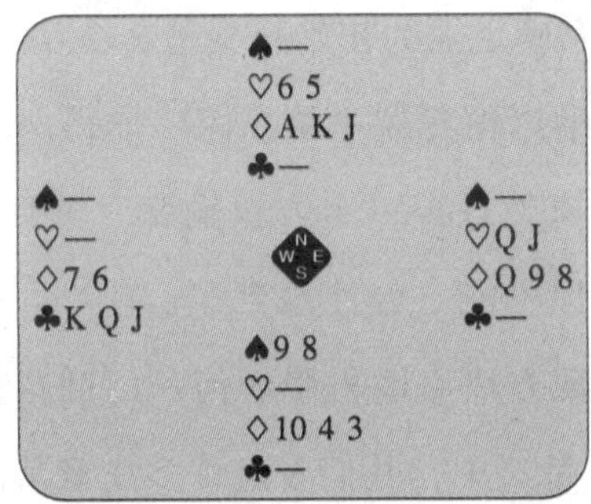


倒数第二张将牌上明手垫◇J，东家垫什么？如果他垫红心，庄家就打方块到明手，将吃♡5 树立起明手最后一张红心。如果东家垫方块，庄家就兑现◇AK，将吃红心回手兑现已是大牌的◇10。

没能抢到定约时,阻击叫经常泄露太多牌情。下一副牌中,澳大利亚的国际牌手安德鲁·赖纳(Andrew Reiner)极好地利用了防守方叫牌提供的信息。这足以确保他的队赢得 1977 年澳大利亚队式锦标赛冠军。

双方无局

首攻:♣5

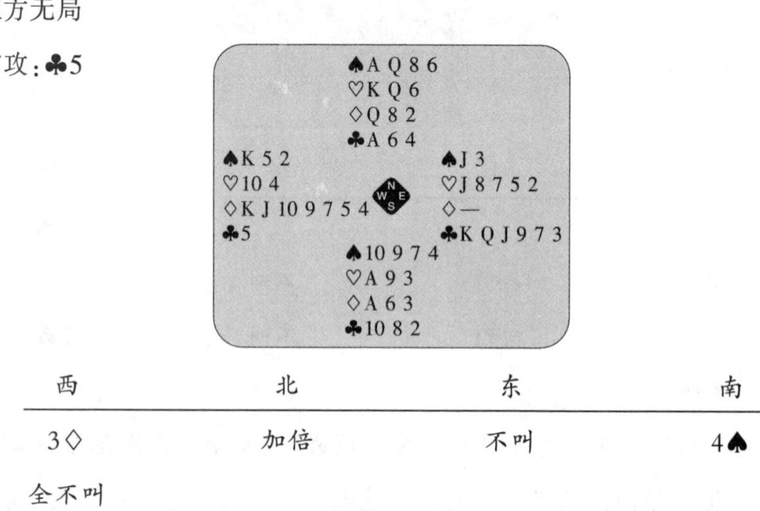


| 西 | 北 | 东 | 南 |
|---|---|---|---|
| 3◇ | 加倍 | 不叫 | 4♠ |

全不叫

现场解说员自信满满地预测他会宕掉,但赖纳的表演告诉你如果你能"看到"防守方的牌,拿十墩是可能的。基于阻击叫一方首攻其他花色通常是单张,他第一墩上♣A。小红心到♡A,然后是黑桃到♠Q。他继续兑现♠A 和红心顶张。西家在第三轮红心上垫牌时,庄家确定他的初始牌型是 3-2-7-1。

获得这一信息后,赖纳用梅花脱手给东家。取得两墩梅花后,东家不得不给庄家一个将吃垫牌,使庄家处理掉一个方块输张。然后西家又被第三轮将牌投入,只好从◇K 下引牌。你可能已经注意到了,庄家也可以先以将牌投入西家,迫使西家引出方块后,兑现方块赢墩再用任何一门低花投出,得到将吃垫牌。

在贯穿本部分的做庄打法中, 我们看过许多庄家从敌方叫牌中获益的牌例,但我们将以一副"狗没有叫"的案例结束。这副牌也来自澳洲, 是沃伦·拉泽(Warren Lazer)于 1998 年在悉尼举办的澳大利亚夏季大赛上表演的美妙打法。这副牌说明了专家牌手如何找到令大多数牌手震惊的打法。迄今为止的旅途一直试图揭示专家思路背后的逻辑，我们希望现在对你已是触手可及。

东西有局

首攻：♣10

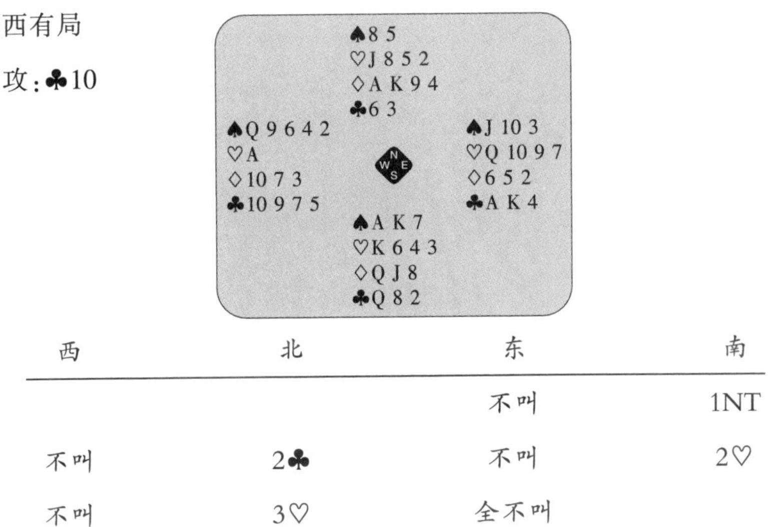


| 西 | 北 | 东 | 南 |
|---|---|---|---|
| | | 不叫 | 1NT |
| 不叫 | 2♣ | 不叫 | 2♡ |
| 不叫 | 3♡ | 全不叫 | |

面对 15~17 点的 1NT 开叫，北家不直接叫到局的悲观决定看来是正确的。西家首攻梅花，东家连打♣A、♣K，再打第三轮梅花到你的♣Q。因为东第一家没能开叫，庄家知道♡A 多半在西家，他第四墩从手上出小红心。

西家的♡A 打空，将牌的局势变得清晰。庄家赢得黑桃转攻，自己反打黑桃将吃第三轮。三轮方块所有人都跟牌，到达如下残局：

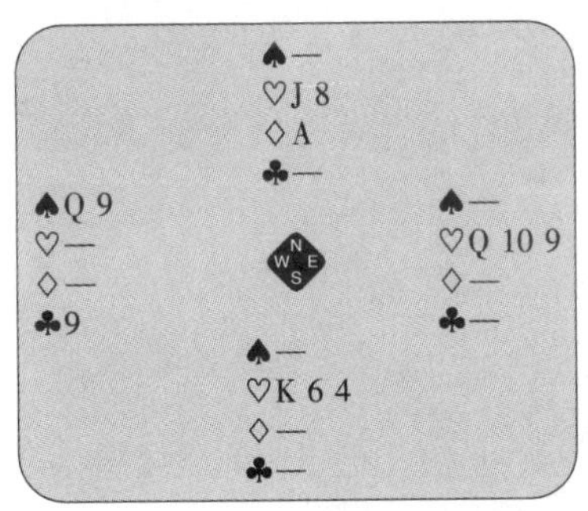


庄家从明手引◇A，正如预期，东家不得不将吃。拉泽低将吃，让东家第十二墩从♡Q 下引牌。壮观吗？是的。凡人不可能发现吗？不，只要他们能数到十三。

# 第三部分　防守中的计算

# 第十二章　防守中的信号

我们还是初学者时受到的教育是，出较大的牌张告诉同伴我们喜欢这门花色，跟较小的牌张表示我们不喜欢——换句话说，通过信号表示在这门花色的“姿态”。这种信号很容易理解。对新手来说，这种信号的理想之处在于，他们可以兑现自己的赢墩，然后等待同伴告诉他们下一步应该采取什么行动。不幸的是，如果较大表示欢迎，较小表示不欢迎是你唯一的信号方式，那么面临很多防守问题你将无从下手。为了验证上述说法，你只需到当地的俱乐部，在那里你经常能够听到防守方有这样的评论，“但你告诉我应该转攻梅花。”之所以出现这类指责，唯一的理由是，在存在问题的牌局中，转攻梅花是不正确的。

姿态信号只是优秀防守人使用的方法之一。在本章中我们讨论的信号系统包括三种主要信号方式——姿态信号、张数信号和花色选择信号。为了在防守中获得最佳效果，你必须结合使用上述三种信号。第一个牌例证明了，为什么仅使用姿态信号是远远不够的：

双方无局

首攻：♡K

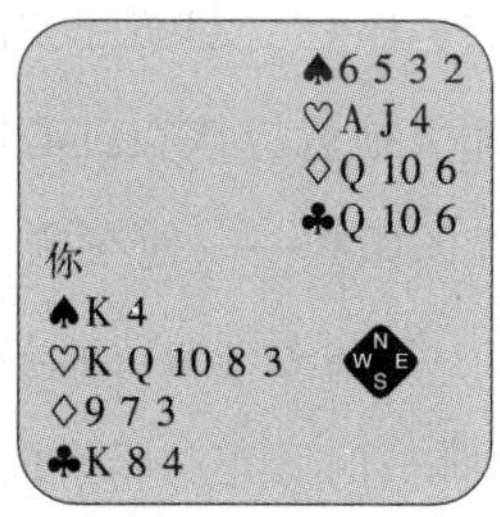

| 西 | 北 | 东 | 南 |
| --- | --- | --- | --- |
| 1♡ | 不叫 | 3♠[1] | 4♠ |
| 加倍 | 全不叫 | | |

1. 斯普林特,红心配合。

明手的♡A吃住第一墩,同伴跟♡7(大-小表示偶数张),南家跟♡5。庄家引小黑桃到暗手的♠A,再打第二轮黑桃到你的♠K,同伴垫♡6。现在你准备如何防守?

很多牌手想当然地转攻方块。为什么?因为续攻红心大牌(你很清楚暗手可以将吃)就使得明手的♡J成为赢墩,而从♣K中回牌又显得过于危险。然而,请仔细考虑同伴的信号。"什么信号?",或许你有这样的疑问。

现在我们需要检验隐藏在防守信号背后的基本逻辑。富有成效的防守,其根本原则并非防守的一方指引另外一方续攻或者转攻。归根到底,东家同样看到自己的十三张牌和明手的牌,为什么他能够知道得比西家更多?为了使搭档之间的合作更有效果,一个防家(在本例中是东家)应该告诉另一方自己的持牌。随后西家就如同看到了东家的持牌,可以找到更为合理的防守路线。当然,这需要防守方付出巨大努力,因为他们必须计算牌点和牌型,但只有基于这种方式,他们才能作出精确的防守。那么,在上述牌例中东家的信号是什么(或者没有给出信号)?作为西家,你对整手牌了解了多少?

东家显示加叫成局的实力,因而他一定有相应的大牌点。如果他有♢A和♢K,难道他不应该鼓励转攻方块吗(或者不鼓励梅花)?假如是这种情况,你应该转攻方块到他的♢K,同伴回攻梅花,建立起防守方的第四个赢墩。如果东家不能承受从任何一门低花中垫牌,那么他就应该在红心跟出♡9或者♡2,以此作为花色选择信号,但他没有选择这样的跟牌——他在剩余红心中跟出中间一张。为什么同伴选择如何含混的跟牌?答案是他的信号很有帮助。它清晰地传递了信息——他不清楚你应该转攻哪一门低花。暗含的信息是,他在两门低花上有类似的持牌。而依据这样的信息,你已经知道下一步的行动。

确定同伴有加叫成局的实力(我们假设大约 10 点)并且两门低花持牌类似,你已经可以推断出同伴在两门低花上持有 AJ。一旦你得出这样的结论,转攻梅花就是显而易见的。实际上,为了防止同伴出现错误,你应该首先兑现♣K,然后再出第二轮梅花。整手牌如下:

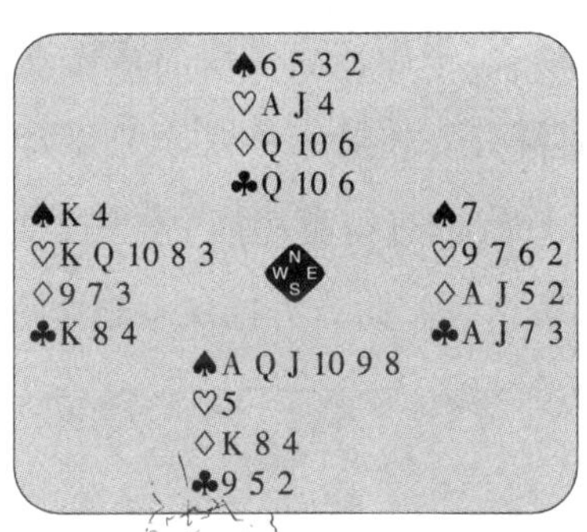


续攻红心或者转攻方块,你可以得到+300 分。转攻梅花并且东家在兑现到三墩梅花后以红心脱手,那么你方就可以收获+500 分。除了◇A 之外,庄家不得不在红花色上输掉第二墩。

如果东西方使用拉文萨尔(Lavinthal)、旋转(Revolving)、奇偶(Odd-Even)或者其他垫牌信号系统,也就是垫牌要求同伴转攻特定低花,那么东家必须猜断要求同伴回攻哪一门花色。有一半的机会他将猜断错误,因为他无从判断哪一门花色是更好的转攻。任何信号方式,如果要求其中一方必须替代两方作出决定,都存在明显的缺陷。

在这手牌上,一个组合信号引导你做出正确的防御。我们在此将要推荐的信号技术主要是张数信号,根据需要配合一些姿态和花色选择信号。我们先从简单介绍防守方可用的主要信号工具开始。

防守方不去计算庄家(同时也就是同伴)的牌型而想打好防守是不可能的。因此,张数(或分布)信号是默契防御的支柱。

如果首攻人的同伴不需要尝试赢进第一墩,他能给出的最重要的信息就是在首攻花色上有几张。(存在例外,我们稍后将会讨论。)在打牌早期的跟牌也是如此。

在你防守的时候，对方必定会在叫牌中给你提供信息。这通常能帮你定位大多数大牌,早期打牌过程经常能帮你完成这个工作。防守方最需要知道的是庄家的牌型分布。使用标准的张数信号(大-小表示这门花色是偶数)或反式信号(大-小表示奇数)无关紧要,采用你和搭档都感觉最舒服的就好。你不会愿意在基本计算上消耗太多的精力。如果你习惯于见到大-小信号自动意识到那表示偶数张,不要仅仅因为时尚(或显得更聪明)就去改变。

下面的牌例说明了张数信号是防守方确保拿到应得的赢墩：

双方有局

首攻：♠Q

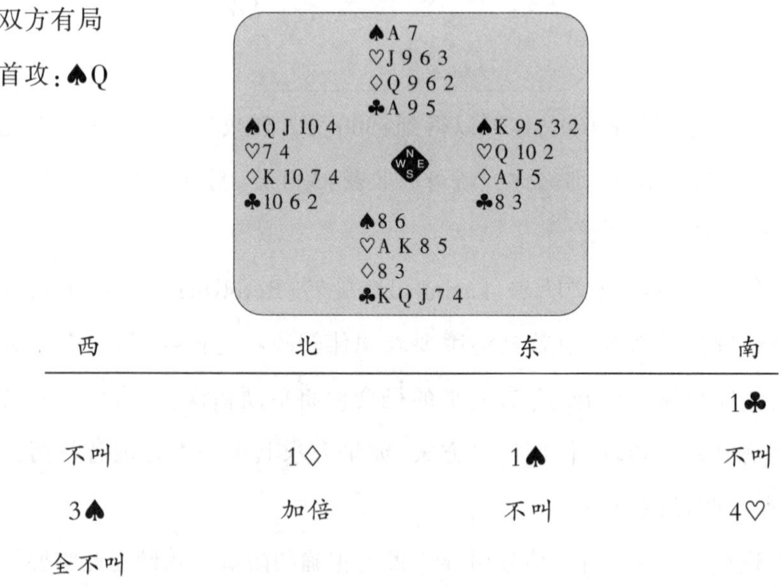


| 西 | 北 | 东 | 南 |
|---|---|---|---|
| | | | 1♣ |
| 不叫 | 1◇ | 1♠ | 不叫 |
| 3♠ | 加倍 | 不叫 | 4♡ |
| 全不叫 | | | |

明手的♠A 赢进首攻,东家跟♠2。庄家兑现♡AK 然后打♣AKQ,希望持三张将牌的防家能跟出三张梅花,但是东家将吃了第三轮梅花。

试试从东家的角度看看问题所在。如果防守方能打宕定约,西家必须有◇K。但东家不知道西家有几张黑桃。如果他有五张,南家现已告缺,防守方需要取三墩方块。如果西家只有四张黑桃,庄家就有两个方块和一个黑桃输张。两种情况下,东家回攻方块到西家的◇K都是安全的;然后他必须按照西家的指示行动。

如果西家回第二轮方块,东家应该兑现第三轮方块,并预期能够拿到。为什么?因为西家知道所需的一切信息。东家第一墩跟♠2(最小的黑桃表示奇数张),告诉他的同伴自己只有五张黑桃。如果还能吃到一墩黑桃,西应该拿掉它。在实际分布下,西家用◇K取之后必须在回攻第二轮方块之前兑现♠J。基本的张数信号能让防守方取到他们应得的四墩,不管南家的牌型是2-4-2-5还是1-4-3-5。

如果东西家用打姿态信号,东家在第一墩会打大黑桃来显示♠K,西家不知道能否取到第二墩黑桃。他◇K取之后将回攻方块,让东家去猜该兑现◇A还是♠K。姿态信号在这里显然没什么用——把一个简单的防守问题变成猜断。东家不会在有局时用♠98532争叫,所以西家已经知道♠K在哪。西家需要的信息是东家持♠K9532还是♠K98532。

虽然在之前的讲解中,我们曾说有些局势下,姿态信号是至关重要的武器。你同样可以选择使用标准方式(大欢迎)或反式信号。我们建议你仅在高阶定约和对敌方牺牲叫首攻A,需要快速兑现赢墩时才使用姿态信号。如果同伴对四阶或以下的定约首攻A,你应该假设他有AK(或在花色定约上从双张中首攻),持Q鼓励;其他情况不应该鼓励。在高阶定约(五阶或以上),同伴首攻无支持A的可能性更大,所以你仅在持K时鼓励。

首攻大牌的目的是取得赢墩或树立赢张。我们建议你从大牌序列中选择首攻哪张取决于你想看到什么信号。意思是你在从A-K领头的花色中首攻时有所选择。从AK×中首攻A,同伴会告诉你他是否喜欢这门花色。持AK×××或AKQ×首攻K,同伴会给你张数信号,你就可以知道能兑现几墩。这可以让你组合姿态信号和张数信号的优点。

你大概也会同意把类似的方法应用到K-Q上。例如,如果你决定从KQ×或KQ10×中首攻,攻Q要同伴持A或J欢迎。持KQJ××攻K,同伴给张数信号。

垫牌信号完全是另外一回事,这里我们推荐你使用与姿态信号不同类型的信号系统。一个有效的技术是将所有垫牌视为不鼓励，否认对所垫花色有兴趣。基本哲学是从你一无所有的花色中垫牌。一个原因是有时你没有“明显大”或“明显小”的牌张(或者使用奇偶垫牌信号时没有合适的牌张)，要么是你能垫的牌无法传递你想传递的信息。

同伴通常只会在两门花色上选择转攻，但也有一些局势下同伴可能打三门花色。比如同伴兑现黑桃赢墩，你有一个方块大牌。使用我们的方法，如果你垫一张红心或梅花，同伴就能知道你的大牌在哪。另一个选择是，如果你遇到上面第一个牌例的情况：在两门低花上都有大牌，就垫掉两张红心；同伴会明白你的持牌并了解该转攻什么。

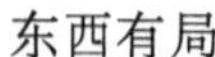
东西有局

首攻：♠A

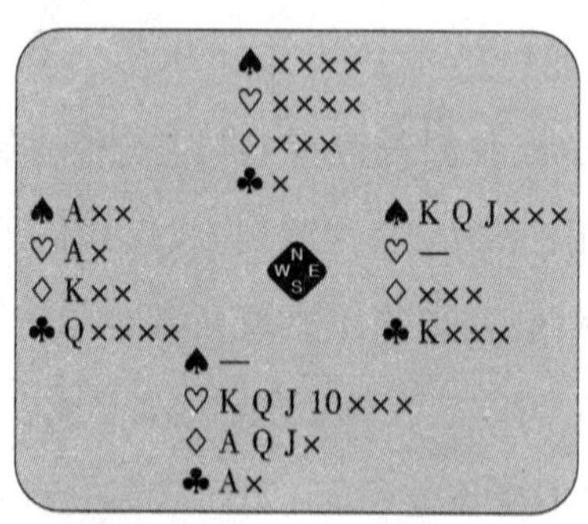


| 西 | 北 | 东 | 南 |
|---|---|---|---|
| 1♣ | 不叫 | 1♠ | 4♡ |
| 不叫 | 不叫 | 4♠ | 加倍 |
| 不叫 | 5♡ | 全不叫 | |

庄家将吃♠A，引♡K。西家♡A吃住，东家垫……什么？

使用标准姿态信号，东家通常会垫一张小方块，或者一张大梅花；两者都告诉西家转攻梅花，定约将被打宕。你持♣987和◇K432怎么办？也许同伴能弄清♣7是小牌或者◇4是大牌，但有时他不能，那样的结果就是让定约打成。

“这就是我更愿意使用反式信号的原因，”你说。真的吗？我们正是为此用“×”

表示号码牌。如果你使用反式信号，东就持♣432 和◇K987。同样，西家可能读对，但经常会读错。不，反式信号也不是答案。

“那同伴可以忍让第一轮红心，那样他就可以看到我的大-小信号，”你说。这也没有用。庄家不会调第二轮将牌，他打◇A 和◇Q——虽然西家◇K 进手后会转攻梅花，但已为时太晚。西家发现他用将牌 A 将吃第四轮方块时明手把梅花输张垫掉了。

简单的回答是，东家可以通过垫方块表示梅花大牌(反之亦然)。持有两门低花的大牌或两门低花均无大牌时则垫黑桃。西家可以通过叫牌和自己的持牌分析出是哪种情况。如果存在致胜的防守，他总能找到。如果垫掉输张保留赢张这一概念过于简单，我们道歉。但请想想，你见过多少次某人不情愿地把他无法承受的牌张当信号打？

防守方兵器库里的第三种武器是花色选择信号。也叫麦肯尼(McKenney)或拉文萨尔信号，很多牌手认为这些是指示垫牌信号。但花色选择信号可以应用于引牌或跟牌。在正打出的花色上，姿态和张数信号传递的信息经常是已知的或无关紧要的，但你出的小牌仍然可以传递有用的信息。这是一个最简单和最常见的花色选择局势，每个人都很熟悉：

你在防守红心定约，这是方块套。同伴首攻◇3，你◇A 赢进并给同伴将吃。显然，从◇97542 中打哪张给他将吃本身是一样的。所以你选择打哪张是为了告诉同伴如果让你进手给他第二次将吃。如果你希望同伴转攻黑桃就回攻◇9(大牌建议同伴回其余两门中级别较高的花色)。如果你想让他回梅花，你用◇2 告诉同伴。没有倾向时你回中间的◇5。

花色选择信号的原则可以应用于很多不那么明显的场合。例如，当庄家兑现一门花色上赢墩，而你通常不用给出张数信号时——你马上就要告缺了，利用这个机会给同伴有用的信息更有效。你最想告诉同伴的信息是关于其他两门的持牌情况。比如你在防守红心定约，这是方块套：

庄家兑现◇Q后打方块到明手，估计是准备继续兑现赢张。你认为防守方需要打显示长度的信号吗？不。你倒是可以借此方便地传递花色选择信息。

这种情况发生了无数次，但只有很少的防家利用这个机会获利。另一个只要你愿意就可以打花色选择信号的常见局面是庄家调将的时候。你和你的搭档经常是例行公事地跟小牌；如果长度信息无关紧要，你也不可能获得将吃时，打花色选择信号也是很有意义的。

带着这些理念，尝试盖上西家和南家的牌，坐在东家的座位上处理下面这个防守问题。

双方无局

首攻：♠6

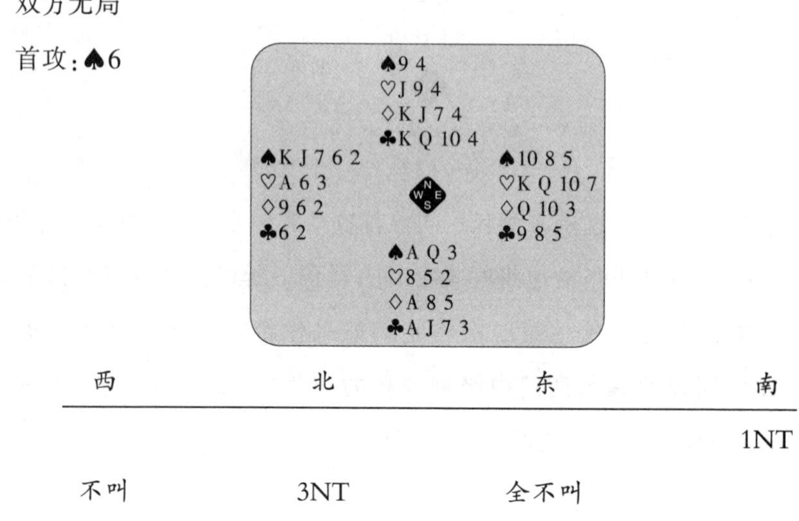


| 西 | 北 | 东 | 南 |
|---|---|---|---|
| | | | 1NT |
| 不叫 | 3NT | 全不叫 | |

庄家用♠Q 吃住你的♠10,兑现◇A,打◇8 到◇J,你的◇Q 拿了这墩。现在怎么打?

大多数牌手不会考虑别的选择而继续打黑桃。看一下整手牌,你必须出红心。南家的 1NT 表示 15~17 点,所以你知道同伴有 6~8 点。如果同伴持♠AJ×××,你回攻黑桃是对的。如果他的大牌是♠K 和♡A,如本例所示,回黑桃就错了。你怎么能知道呢?

你有没有留意同伴有几张方块?当然没有。比起给出无用的张数信息,你更希望他能帮你解决真正的问题。如果西家利用所有机会打出他最大的方块——◇9 和◇6——那是告诉你他喜欢两门可能的花色中较高的那门(由于明手的持牌,梅花不在考虑之列),你应该回黑桃,希望他能在这门上兑现四墩。如果他跟◇2 和◇6,就表示他在较低花色(本例是红心)上有些东西,你应该攻红心并希望能拿四墩。

防守花色定约时,在调将中打信号值得重视。持两三张小将牌,肯定庄家会把它们都调光时,你可以用跟牌次序发送花色选择信号。庄家调光你的将牌前同伴可能进手时,情况有所不同。那种情形下,你在将牌上打"大-小"一般是告诉同伴你能将吃点什么。你的回声信号(大-小)确认你有第三张将牌,或者如下例所示,你有将吃能力。盖上西家和南家的牌坐到东家的座位上,如果你觉得自己容易有倾向性。

双方有局

首攻:♠4

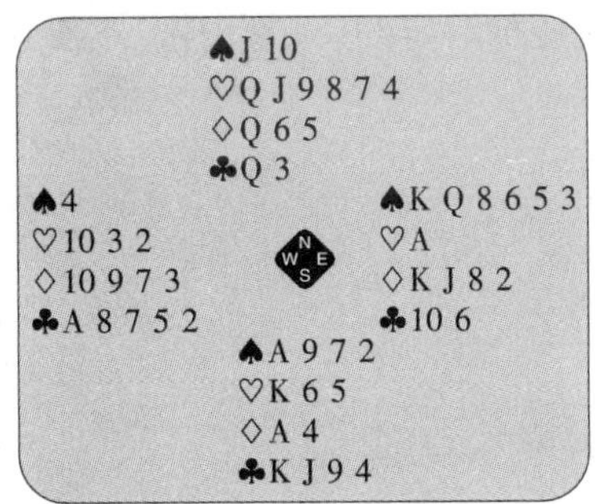

| 西 | 北 | 东 | 南 |
|---|---|---|---|
| 不叫 | 不叫 | 1♠ | 1NT |
| 不叫 | 2◇[1] | 不叫 | 2♡ |
| 不叫 | 3♡ | 不叫 | 4♡ |
| 全不叫 | | | |

1. 转移叫。

同伴首攻♠4，你的♠Q被南家的♠A吃住。庄家引红心到♡Q和你的♡A，同伴跟♡10。现在怎么防？

同伴的♡10显然不是单张，而是大-小信号的开始。这一信息表明他一定能将吃下一轮黑桃，所以南家的黑桃初始持牌是♠A972。你非常希望同伴穿梭明手的◇Q，所以回攻♠8（你能承受的最大黑桃）作为花色选择信号。西家将吃后回◇10，无论庄家如何挣扎，再也无法得到十墩。在其他任何防守下，定约都能轻易做成。

防守是最需要同伴间绝对默契的游戏，甚至比叫牌更需要。很多防御问题仅看自己的和明手的牌无法解决。你也必须计算同伴的牌型和大牌。我们已经看到一位防家向另一位提供信息的重要性。如果你在面临关键决断时能看见四家的牌，无疑你的成绩将得到极大的改善。

一旦你看到致胜的防守路线，就应该尽可能掌握控制权。因为你知道整手牌，不假设同伴也知道。也许他应该知道，但只是打了个盹。如果你无需同伴做决定（即使对他来说很明显）就能打宕定约，只管去做。不要给他犯错误的机会。下例说明了我们的意思：

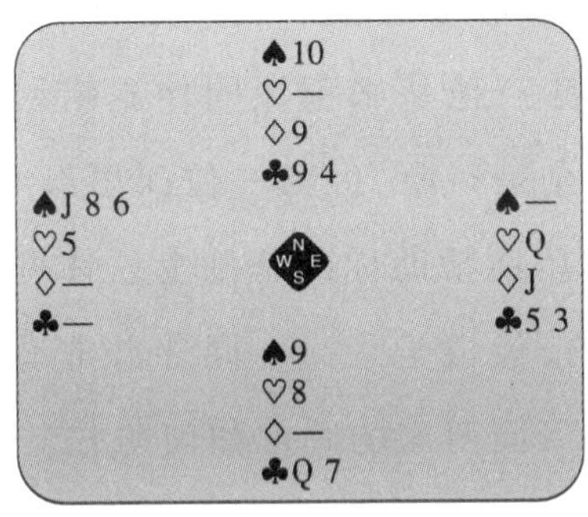


这是一个无将定约的残局。你是西家，刚刚在梅花上进手。你有三个黑桃赢张和一个红心输张。你知道同伴在红心和方块上各有一个赢张。很多西家会不假思索地兑现所有黑桃赢张。

但在第十二墩，同伴也许会误留方块赢张而垫掉红心。也许同伴的防守仅在桌上有十四张方块时才是对的，但你应该为此负全责——你在不必要的情况下给了他犯错误的机会。如果你只兑现两墩黑桃就打红心，同伴不用通过考试就能拿到最后两墩。

制订防守计划时，尝试站在同伴的角度去发现问题。对你非常明显的事情对他则未必。让同伴做正确的事情。这一点非常重要，值得再举一个例子：

这是有将定约的一门边花。早期计算使你知道庄家在这门花色上是单张。一旦庄家调光同伴的将牌，他可能会引出这个单张。你也知道同伴唯一能打宕定约的防守是跳上♣A。如何确保同伴不犯错误？

比如你有机会用♣3打出这门花色的张数信号。庄家引梅花，同伴放小，庄家用♣K得并打成定约。是的，你可以对同伴解释说，你已经打出了张数信号，他应该知道庄家是单张。但你有没有想过如果你垫掉♣Q他还会不上♣A吗？

乔治·杜伯恩（Georgio Duboin），一位冉冉升起的意大利新星曾被彼得罗·福奎（Pietro Forquet）大加赞赏："他从来不让同伴犯错误。"

有很多牌看起来完全是猜断，但与一位深思熟虑的搭档合作时，你可以把防守建立在他会尽其所能帮助你的基础上。你可能不会想到本章最后一个牌例是关于"信号"的，但请记住——同伴并非总是做什么才能帮到你，有时不做什么也能。持下面西家的牌你如何防守？

双方有局

首攻：♣5

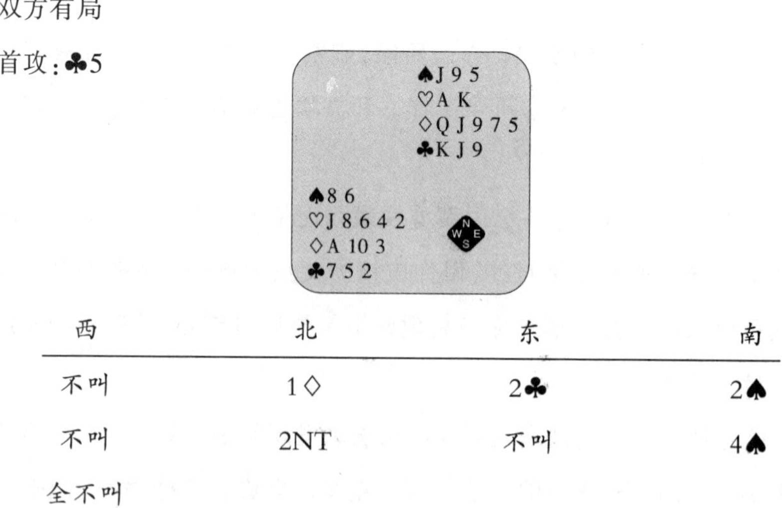


| 西 | 北 | 东 | 南 |
|---|---|---|---|
| 不叫 | 1◇ | 2♣ | 2♠ |
| 不叫 | 2NT | 不叫 | 4♠ |
| 全不叫 | | | |

庄家从明手出♣9，同伴♣10 赢进回攻◇6，庄家跟小。你赢进还是忍让？如果你赢进，是穿梭第二次梅花，还是给同伴方块将吃？

同伴不会有很多大牌，所以他的有局方二阶争叫一定是基于六张梅花。比如说同伴的方块是单张，你能给他一个将吃——还能在哪找到第四墩呢？显然庄家的红花色是坚固的。你已经知道梅花上不会再有赢墩。所以，如果你们能打宕定约，同伴必须有将牌 A。那么你会赢进方块，打他是单张吗？

答案是不，如果你是在和一位深思熟虑的搭档打牌的话。为了明白为什么，请考虑一下如果同伴兑现♠A 再打方块你会如何防守。现在你除了希望他是单张方块别无选择。如果同伴的持牌真是那样，他会让防守明白无误。他没有这样防守的唯一解释是他有两张方块。所以你必须忍让。整手牌如下：

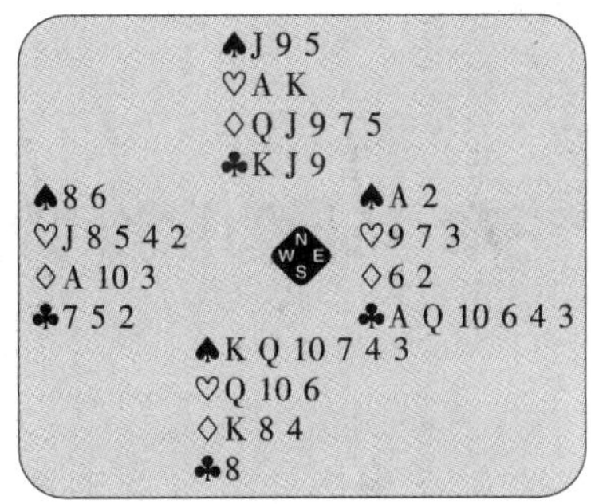


## 本章课程

* 打信号的目的是告诉同伴你有什么，而不是告诉他该怎么做。
* 信号不是命令。它是为了帮你决定基于同伴告诉你的信息该如何防守。
* 辨别姿态、张数和花色选择信号取决于你需要什么信息。
* 不要用信号传递对同伴无用的信息。告诉他你认为他需要或希望知道的东西。
* 如果你可以看到致胜的防守路线就采取控制局面的措施。如果可以避免，不要把同伴置于可能犯错误的局面下。
* 不要只考虑同伴做了什么，还要想他没有做什么。
* 当你面临看起来是猜断的选择时，想想同伴怎么才能帮你解决问题。如果他没有使防守更清晰，你就假设他的持牌不能那么做，并据此防守。

# 第十三章　计算庄家的牌型

我们已经看到作为庄家，了解防守方的牌型能极大地改善你的机会。在你防守的时候也是一样，计算同样是通往成功之路。

作为防家，你在计算过程中领先，因为叫牌不可避免地告诉你庄家的持牌信息。把这些信息和从首攻与第一墩牌中得到的信息加在一起，有时能让你很早就“看到”整手牌。不做计算，你很难在我们的第一手牌上找到致胜打法：

双方有局

首攻：♠3

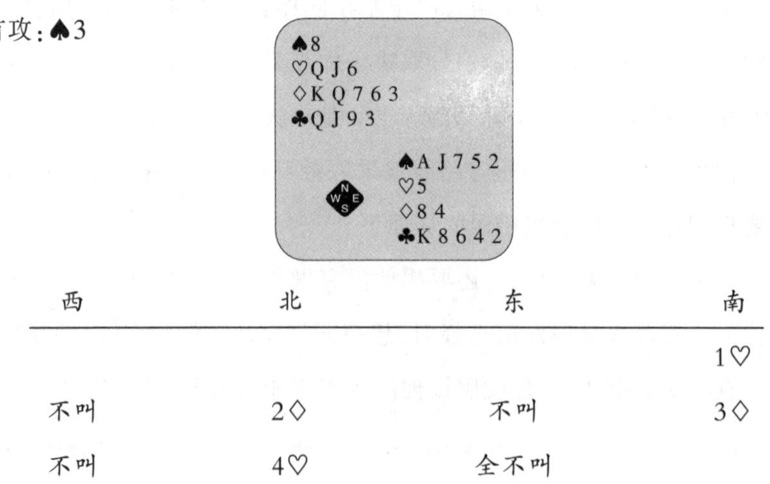


| 西 | 北 | 东 | 南 |
|---|---|---|---|
| | | | 1♡ |
| 不叫 | 2◇ | 不叫 | 3◇ |
| 不叫 | 4♡ | 全不叫 | |

同伴首攻♠3(长四)到你的♠A。现在怎么打？南家大概只有五张红心(有六张他可能会再叫红心)和四张方块，同伴的首攻标明南家还有三张黑桃，所以他最可能的牌型是3-5-4-1。这样同伴就有四张将牌，但他的牌力不可能有足够的大牌打宕定约。唯一的机会是让庄家将吃两次，为同伴树立一个将牌赢墩。

显然，只能用梅花迫使庄家将吃。但如果你打梅花到同伴的♣A，你的♣K第二轮将被将吃，明手剩下的大牌将阻止你们逼他第二次将吃。虽然这没有直接损失。你能看出如果你转攻♣K会发生什么吗？看一下整手牌：

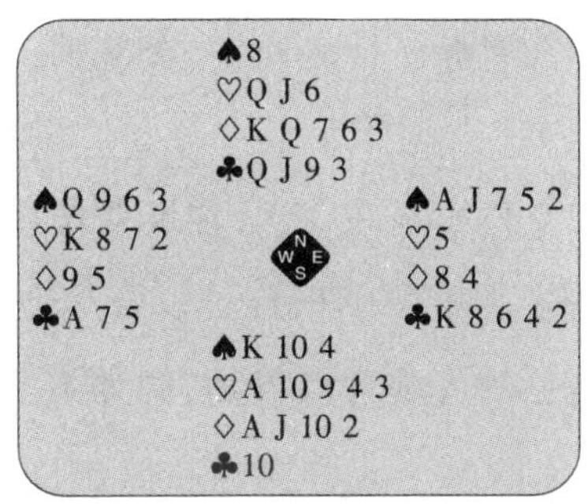


你的♣K吃到，庄家必须将吃续攻的梅花。同伴的♡K进手后，他可以引♣A，迫使庄家第二次将吃，把自己的长将牌树立为打宕定约的第四墩。

本例你可以通过叫牌估算庄家两门花色的长度，从首攻中得到第三门的信息，马上计算出整手牌的分布。总是要注意叫牌给出的牌型信息，特别是庄家开叫1NT，把他的牌型限制在一个狭窄范围的时候。你可以合理假设他的牌型是4333、4432或5332(虽然有些牌手偶尔会持一个六张低花或5422牌型开叫1NT)。

庄家有限的牌型，加上计算大牌点知道同伴肯定有一个进张，可以引导你持东家的牌做出致胜防御。如果你觉得自己精力充沛，可以拿起东家的牌，盖上西家和南家的牌试一下：

双方无局

首攻：◇J

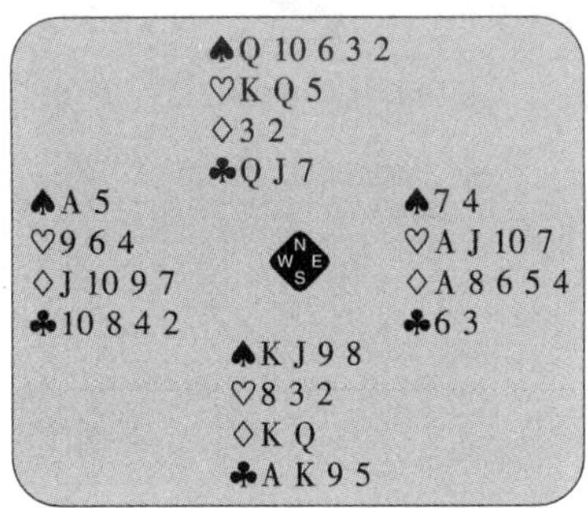

| 西 | 北 | 东 | 南 |
|---|---|---|---|
| | | | 1NT |
| 不叫 | 2♡ | 不叫 | 3♠[1] |
| 不叫 | 4♠ | 全不叫 | |

1. 高限4张♠支持。

你用◇A吃住同伴的◇J，庄家跟◇Q。你准备怎么打？看起来庄家持四张黑桃和◇KQ双张。因为他开叫了1NT，你可以合理地认为他的其他两门花色是3–4或4–3。计算看不见的大牌可以得知，同伴有一个进张。庄家有15~17点，给同伴剩下4~6点。你的两个A和同伴在黑花色上的一个A或K能让你们得到三墩，但你必须在同伴的进张用掉之前建立起第四墩。得到这一结论后，你能清楚地看出♡J是正确的回攻。西家的♠A赢进后，他将回红心穿梭明手剩下的大牌，♡10是你们的第四墩。

阻击叫会暴露很多信息，但在对抗高阶定约时，最关键的往往是经常能让你们在赢张消失前快速兑现。下一手牌是个典型的例子，同时也阐明了为什么信号的精确性至关重要。

东西有局

首攻：♡K

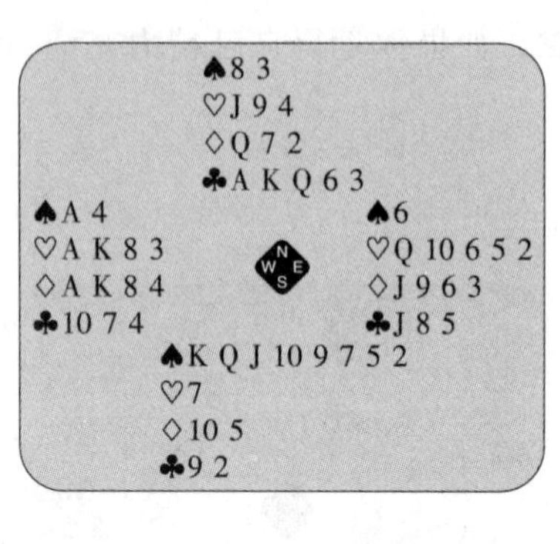


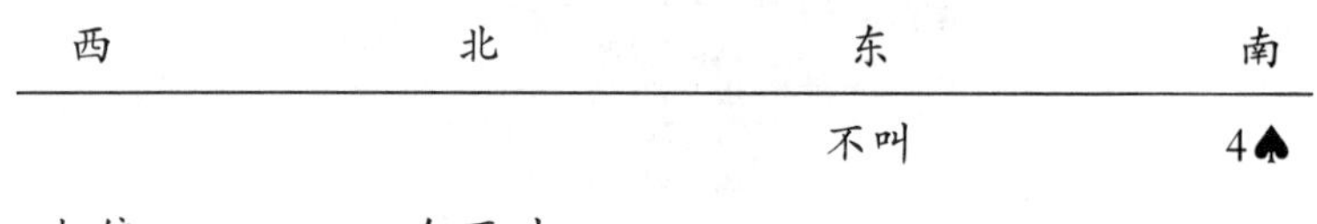

| 西 | 北 | 东 | 南 |
|---|---|---|---|
| | | 不叫 | 4♠ |
| 加倍 | 全不叫 | | |

这次攻♡A还是♡K也许不重要。你首攻♡K(要张数信号),同伴跟♡2表示奇数张。你尝试◇K时,传来的消息好一些:同伴跟◇9。因为庄家必须有一张以上的方块,你知道你可以兑现◇A打宕定约。如果你们不打张数信号,你只好猜测第三墩兑现哪门红花色的赢张,只有一半的机会能成功。

我们把牌稍微变一下:

东西有局

首攻:♡K

| | 北 | |
|---|---|---|
| | ♠8 3<br>♡J 9 4<br>◇Q 7 2<br>♣A K Q 6 3 | |
| 西<br>♠A 4<br>♡A K 8 3<br>◇A J 8 4<br>♣10 7 4 | N W E S | 东<br>♠6<br>♡Q 10 6 5 2<br>◇K 9 6 3<br>♣J 8 5 |
| | 南<br>♠K Q J 10 9 7 5 2<br>♡7<br>◇10 5<br>♣9 2 | |

| 西 | 北 | 东 | 南 |
|---|---|---|---|
| | | 不叫 | 4♠ |
| 加倍 | 全不叫 | | |

第一墩是一样的——同伴在你的♡K下跟♡2。现在你有个选择——同伴有◇K还是该尝试兑现第二墩红心?注意在上一个分布下,你从AK中攻K,因为你希望同伴给张数信号。在高阶阻击叫后使用张数信号是基本的,但有时你需要知道同伴是否喜欢你攻这门花色。所以攻A和K分别要求不同的信息是有用的。

在这次的分布下,你第二墩尝试◇A。同伴再次跟◇9,但这次它是姿态信号而不是张数信号。同伴并不是让你不假思索地打第二张方块,但让你知道他有◇K。例如你持♡AK×时知道第二轮红心可以吃到,你会兑现♡A再打第二轮方块。

我们把牌再变一下:

东西有局

首攻：♡K

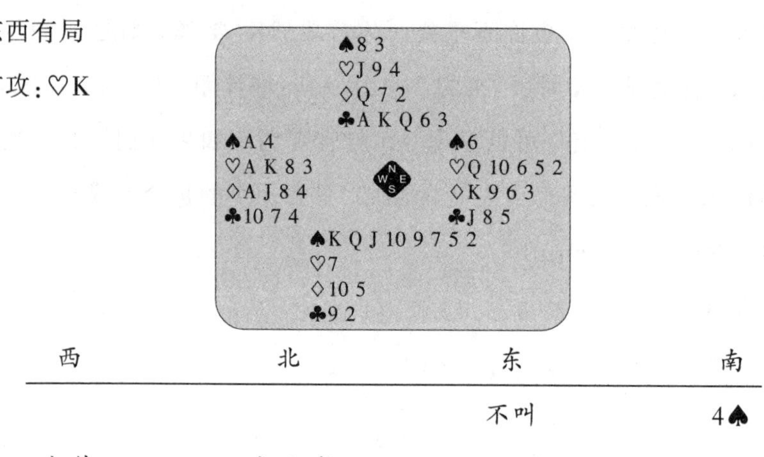


| 西 | 北 | 东 | 南 |
|---|---|---|---|
| | | 不叫 | 4♠ |
| 加倍 | 全不叫 | | |

你的牌和明手的牌与之前一样，同伴第一墩也一样在你的♡K下跟♡2表示奇数张。但这次你兑现◇A时，同伴跟◇3，否定持有◇K。现在你的唯一机会是同伴持三张红心而不是五张，所以你打♡A。每个人都跟牌后，你打第三轮红心。因为同伴有♡Q，定约宕二。

在上面的三种局面下，组合张数和姿态信号使你找到最佳防御。在阻击性开叫之后，有时单是精确的信号还不够，你仍然需要努力发掘。三阶（或以上）的开叫牌型范围可能非常宽泛，但弱二开叫属于定义明确的阻击叫，特别是有局时的开叫。这经常能让你几乎可以直接构建起庄家的牌型。尝试一下这个单明手问题：

双方有局

首攻：♣K

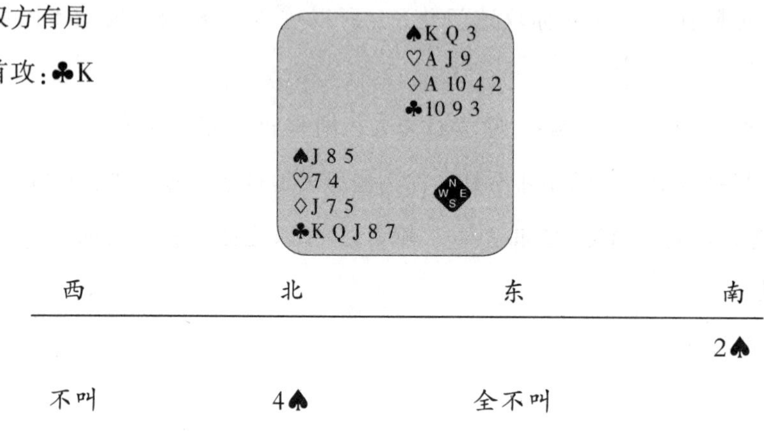


| 西 | 北 | 东 | 南 |
|---|---|---|---|
| | | | 2♠ |
| 不叫 | 4♠ | 全不叫 | |

你的♣K 拿到第一墩,同伴跟♣2,♣Q 赢得第二墩。你现在怎么打,为什么?

看起来打第三轮梅花是安全的,但在这么做之前请先尝试构建看不到的两手牌。南家有六张黑桃和两张梅花。因为你可以合理推测庄家不会在有局方拿10领队的套开叫弱二,你可以算出他有八墩——六墩将牌和明手的两个 A。如果庄家没有其他大牌,或者只有♡Q 和两三张小方块,怎么打都能打宕定约。

危险来自庄家持◇Q××(和♡Q×或××)。那样如果你继续打梅花,庄家将调将并朝◇Q 引方块,他的红心输张将消失在第四张方块上。马上打红心很少会有损失,而且可能是至关重要的。整手牌是:

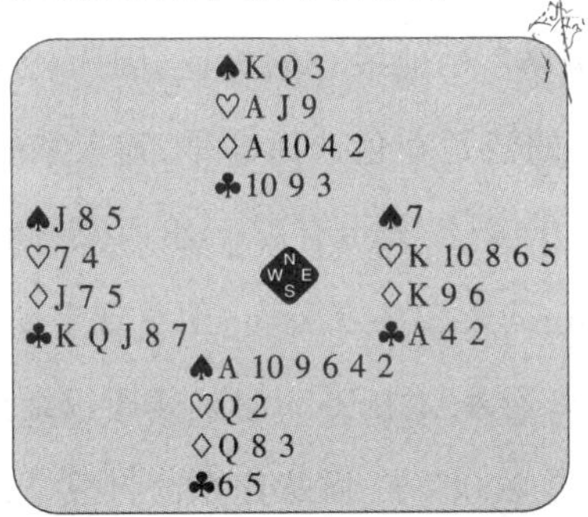


当你防守牺牲叫时,精确的信号通常用于取得最大罚分。当多数大牌可以根据叫牌定位时,防守一般是基于张数和花色选择组合信号。我们的下一个牌例发生于最近的澳大利亚国家锦标赛上的一场队式赛。南北方发现了有利可图的牺牲,但东西方做出了最佳防守:

东西有局

首攻:♡K

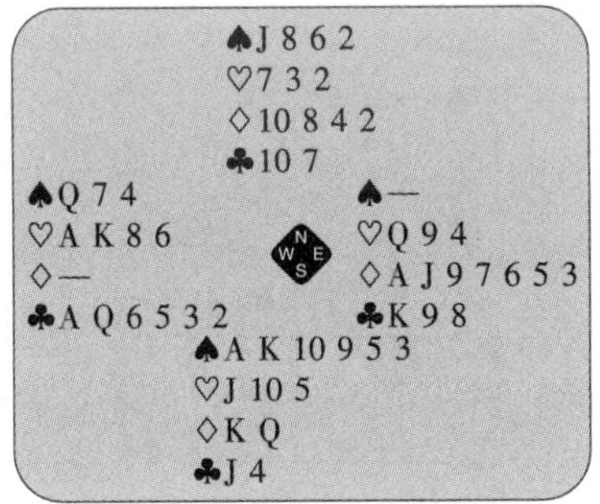

| 西 | 北 | 东 | 南 |
|---|---|---|---|
| | | 1♢ | 2♠ |
| 3♣ | 4♠ | 5♣ | 不叫 |
| 5♡ | 不叫 | 5♠ | 不叫 |
| 5NT | 不叫 | 7♣ | 不叫 |
| 不叫 | 7♠ | 加倍 | 全不叫 |

西家首攻♡K,东家跟♡4(表示奇数张)。♣K 的位置已知在东家,因为他接受了 5NT 大满贯邀叫。所以当西家兑现♣A 时,东家以♣8 给出张数信号。尽管庄家跟♣4,西家还是知道♣8 是他最小的梅花,因为持♣K984 他会跟♣9。

西家续攻♣2(要方块的清楚花色选择信号)到东家的♣K。东家听命兑现♢A 再打♢J(另一个的花色选择信号,表示有♡Q)给西家将吃。西家知道(从东家第一墩的张数信号)桌上的红心是 4–3–3–3 分布,他兑现♡A 再打红心到♡Q。东西方已经拿了七墩,庄家手上只剩♠AK10953,但防守还没结束。第三轮方块使♠Q 升级为防守方的第八墩。这是 2000 分。虽然比东西打成 7♢ 的 2140 分少,但他们的队友防守 6♢,–1390。精准的防守使他们得到 12IMP。

防守成局和部分定约时,你会有多次决断,有些错误选择不是致命的。但对抗满贯时,你通常只有一次机会:

双方无局

首攻:♣J

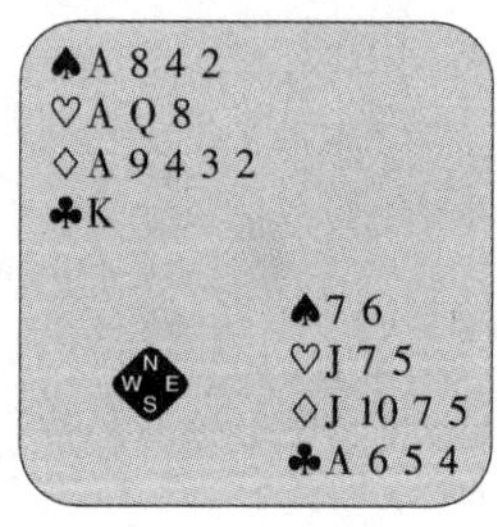

| 西 | 北 | 东 | 南 |
| --- | --- | --- | --- |
| | | | 1NT[1] |
| 不叫 | 2♣ | 不叫 | 2♡ |
| 不叫 | 6NT | 全不叫 | |

1. 15−17 大牌点。

请计划你的防守。

明手有十七点，你有六点。加上庄家低限的十五点，同伴最多有两点，其中一点你已经在首攻时看见。这意味着庄家至少有♠KQ、♡K×××、◇KQ 和♣Q。你可以看到红心是 3–3 分布，所以你能计算出十一墩——四墩红心、三墩方块、三墩黑桃和一墩梅花。如果庄家有♠J，或者任何四张黑桃，他已经有了十二个顶张赢墩，所以必须假设他没有。如果你们有任何机会打宕定约，庄家的牌必须类似：

♠ KQ ×
♡ K × × ×
◇ KQ ？　　　（？ ＝两者之一）
♣ Q × × ？

在动手打牌之前，你应该在心中把整手牌默打一遍。比如说你用♣A 吃住明手的♣K 并会攻梅花。南家将兑现他的七个红花色赢墩，在剩四张牌时同伴必须保留♠J×××和一个梅花止张。哎哟！在四张牌残局中这太多了……整手牌是：

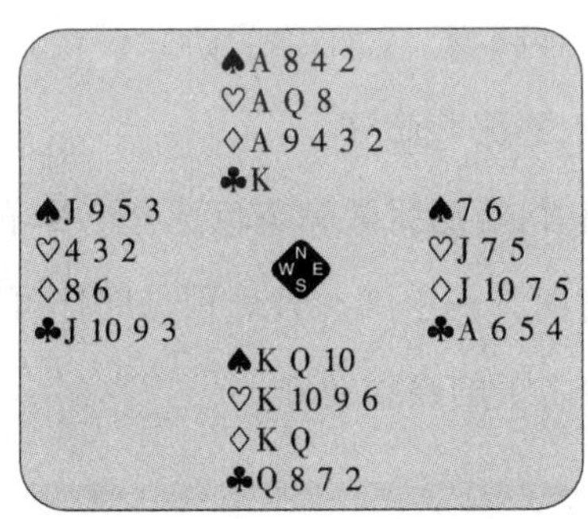

你经常能发现自己将被紧逼。预见到同样的事情将要发生在同伴身上需要更好的想象力和警惕性。在这手牌中，解决的方案很简单，只需要你在唯一机会与你擦身而过之前停下来计算。如果你让♣K赢得第一墩，庄家永远不能兑现足够的赢张置你的同伴与压力之下，定约自然会宕掉。

很多牌手还没去想如何防守就让定约打成了。正如我们多次强调的那样，你在做庄时，第一墩出牌之前应该计算赢墩。防守时也一样。作为防守方，你要计算自己的潜在赢墩和庄家的赢墩。叫牌进程通常能让算出多数大牌点，你也经常能判断出暗手大致的牌型。在采取特定路线之前默打整手牌将使你获利巨大。(在这手牌上，你遵从另一条防守原则也能打宕定约：如果你看不出赢进一墩后打宕定约的路线，就先忍让一轮。)

## 本章课程

* 当你持长将牌时，明显的防守经常是迫使庄家将吃。当你持短将牌时，尝试从同伴的角度思考，致力于迫使庄家将吃，为同伴建立将牌控制。
* 庄家开叫无将时，你可以直接将他的牌型限制在有限的几种中。你可以基于假设他没有单张防守。
* 防守阻击叫定约时，要准备好快速兑现赢墩。运用张数和姿态信号确定兑现赢墩的正确次序。
* 算出庄家可能的各种牌型。如果你的防守仅在其中一种时能够奏效，就假定庄家是这种牌型，并据此防守。
* 在防守高阶牺牲叫时，运用张数和花色选择信号争取最大罚分。
* 从庄家和同伴的角度看一手牌。尝试预见同伴可能面临的潜在问题，按照避免置同伴于压力之下的路线防守。

# 第十四章　计算庄家的大牌点

当你在非竞叫进程后成为庄家时，关于看不见的大牌你可能全无线索或只有很少的信息。防守方永远不会面对这样的困境，因为庄家显然必须叫牌。在很多情况下，庄家的实力和牌型已知被限定在一个狭窄的范围中。据此的推理让你对同伴的牌也有很多了解。

例如，你可能知道同伴有 3~4 点，通常能算出他持有两三张特定大牌中的一张。运用这一信息，你应该想象整手牌，并设想同伴持每种可能的牌型时，打牌进程会如何发展。如果在某一种情况下你可以打宕定约，就假定实际分布如此，并据此防守。

达拉斯爱塞斯队(Dallas Aces)在为打败传奇意大利蓝队训练时制定了一系列箴言，既有关于搭档关系的，也有关于个人的。其中之一是避免"无机会"防守。我们的第一个牌例就是说明它的：

双方有局

首攻：♣K

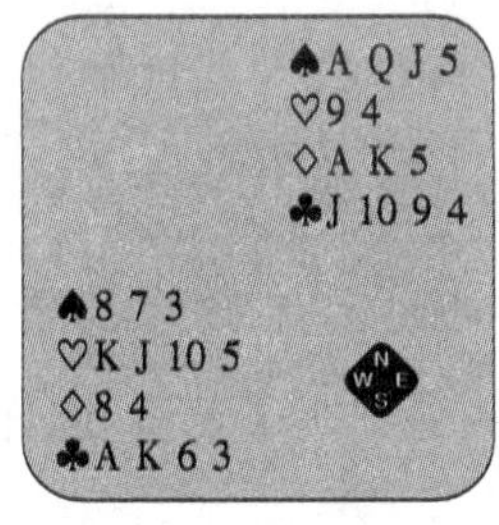

| 西 | 北 | 东 | 南 |
|---|---|---|---|
| | | | 1♡ |
| 不叫 | 1♠ | 不叫 | 1NT |
| 不叫 | 3NT | 全不叫 | |

南北方打五张高花开叫和强无将，所以南家的牌力是 12~14 点。你首攻♣K，同伴跟♣5，庄家跟♣8。现在怎么打？

你可以看到你和明手共有二十六点，在剩下的十四点中，庄家至少有十二点，给同伴剩下的最多只有一个 Q。我们构建每种可能的牌并计算庄家的赢墩。如果同伴有◇Q，庄家可以顶出的梅花大牌，最后拿到四墩黑桃、两墩梅花、两墩方块和♡A。同伴有◇Q 也没用，你们能拿三墩梅花和一墩红心，但庄家有四墩黑桃、三墩方块、一墩红心和一墩梅花。结论——如果同伴的两点是一个低花 Q，定约肯定能打成。

虽然这意味着朝庄家的五张套引牌，你的唯一机会是第二墩转攻小红心。如果庄家持♡Q 他当然将打成定约，也许能得到超墩，但在那种情况下你总归无法打宕他。但如果同伴持♡Q×你能打宕定约(除非庄家有四张方块)。除了♡5，第二墩出其他牌都是投降打法——"无机会"防守。你希望整手牌类似：

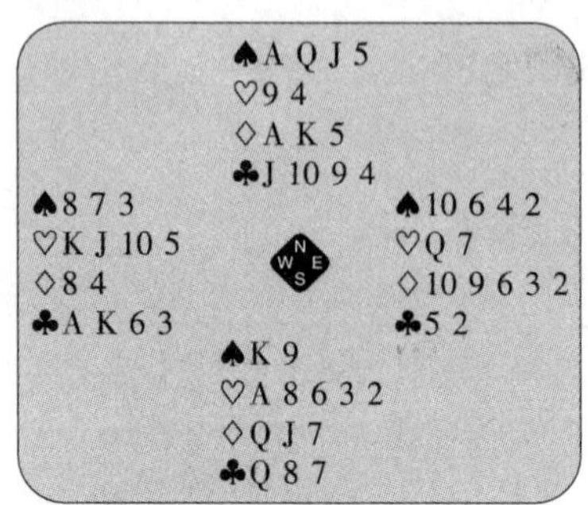


我们的下一个牌例中同伴也不会有很多大牌。和之前一样，庄家做过限制性开叫，所以计算点力很容易——他开叫了无将。同样，你必须找出同伴可能打宕定约的牌，并据此进行防守。

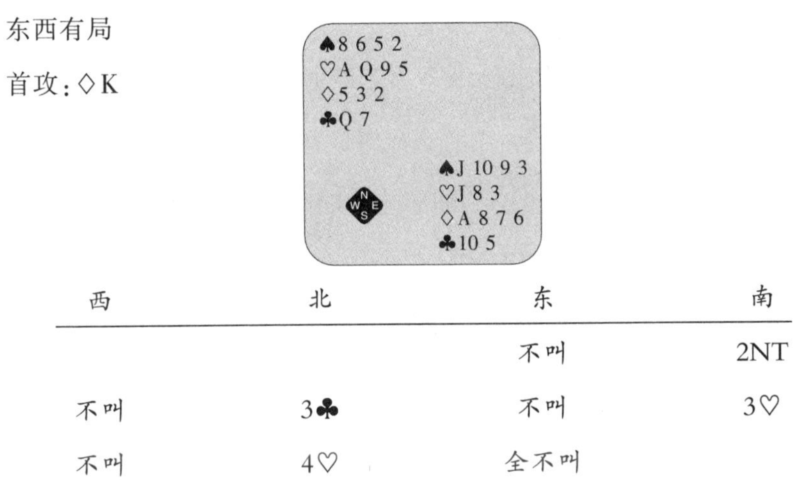


东西有局

首攻：◇K

| 西 | 北 | 东 | 南 |
|---|---|---|---|
| | | 不叫 | 2NT |
| 不叫 | 3♣ | 不叫 | 3♡ |
| 不叫 | 4♡ | 全不叫 | |

南家的2NT表示20~22点。同伴首攻◇K，并继续攻◇Q和◇10，庄家跟出前两轮方块。你计划如何打宕这个定约？

你可以看到明手和你自己的十四点。所以看不见的两手牌一共有二十六点，同伴已经出了方块上的五点，剩下的二十一点肯定都在庄家手里(除了同伴可能有♣J)。

你知道庄家将跟出第三轮方块(因为同伴第三墩没有出◇J)，但你还需要找到第四个防守赢墩。因为庄家一定有♣AK和♠AKQ，第四墩的唯一可能来源是将牌。同伴只有一张牌有用——♡10。你应该◇A赢进后再打第四轮方块，给庄家一个无用的将吃垫牌。这使同伴得以用♡10将吃，如果他有的话，迫使明手用大将牌盖吃。你的♡J83将升级为一个赢墩。

整手牌类似如下所示，你将打宕定约：

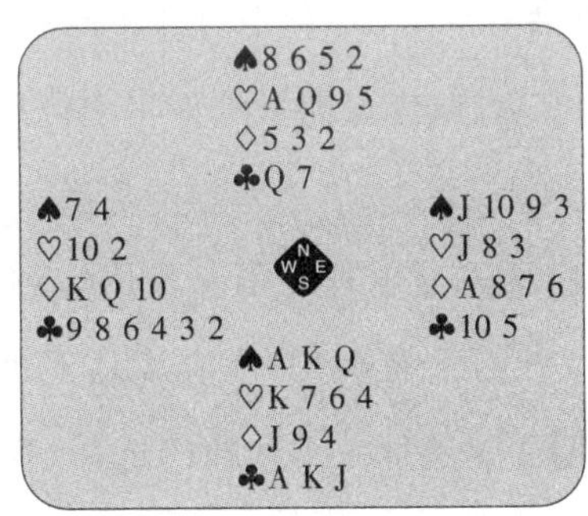

下一手牌的主题类似,西家必须计算庄家的牌点和牌型。这次,他也得根据推断出同伴的牌来防守。如果你愿意,可以拿起西家的牌并盖上东家和南家的牌。

东西有局

首攻:♠4

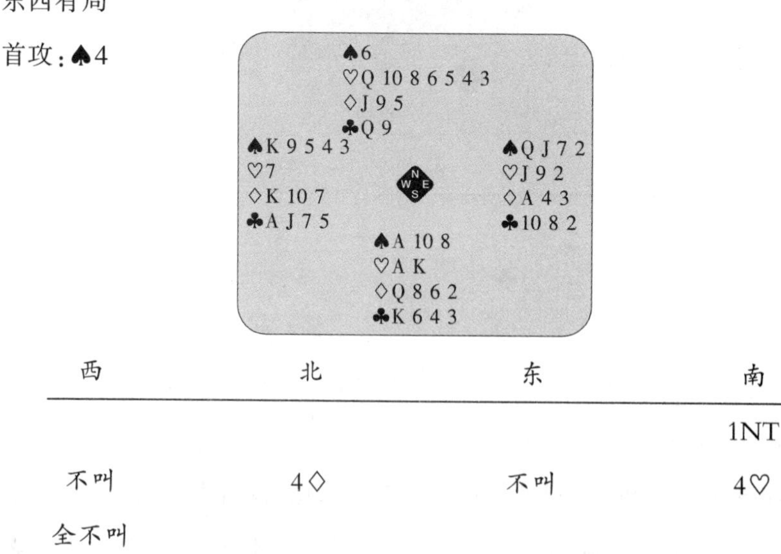


| 西 | 北 | 东 | 南 |
|---|---|---|---|
| | | | 1NT |
| 不叫 | 4◇ | 不叫 | 4♡ |
| 全不叫 | | | |

南家的 1NT 开叫是 15~17 点,北家的 4◇是得克萨斯转移叫(Texas Transfer)。同伴的♠J 被♠A 吃住。庄家兑现♡AK,将吃黑桃到明手,用♡Q 调出东家的将牌,然后引♣Q。你的防守计划是什么?

定约的成败原本取决于庄家猜断谁有◇10。但尽管南家有十六点,他的进张却有问题。为了保护你的◇10,你必须忍让明手的♣Q。南家已经暴露的♠A 和♡AK。如果你的搭档有♣K,他会盖上♣Q,所以这张牌在庄家手里,这样他已知的牌点有十四个。庄家不会有◇A, 那样他就有十八点了, 但他必须有◇Q 才够 15~17 点。防守方能看到三墩牌,你也能看到如果允许庄家♣K 进手,◇9 对你的威胁。

另一方面,从庄家的角度看这手牌也很有价值。对抗庄家牌手时,如果西家第一轮梅花就用♣A,你应该打谁有♣10?你应该基于西家持♣10 会忍让的假设飞东家。西家允许你回到暗手是给你一个致败的选择。我们之前曾强调过,要提防防守方的礼物。

当你拥有本方大部分牌力时，计算同伴是否可能有某张关键牌是要点。这时的重点是防范被投入或紧逼的危险。如果你能建构一手与叫牌相符的庄家牌，能让你打宕定约，就假定这是实际分布。

如果情况令人绝望，你应该准备孤注一掷，哪怕是打破桥牌中最古老的格言。盖上东家和南家的牌，看看你能否坐在西家位置上找到致胜防御。

南北有局

首攻：♡Q

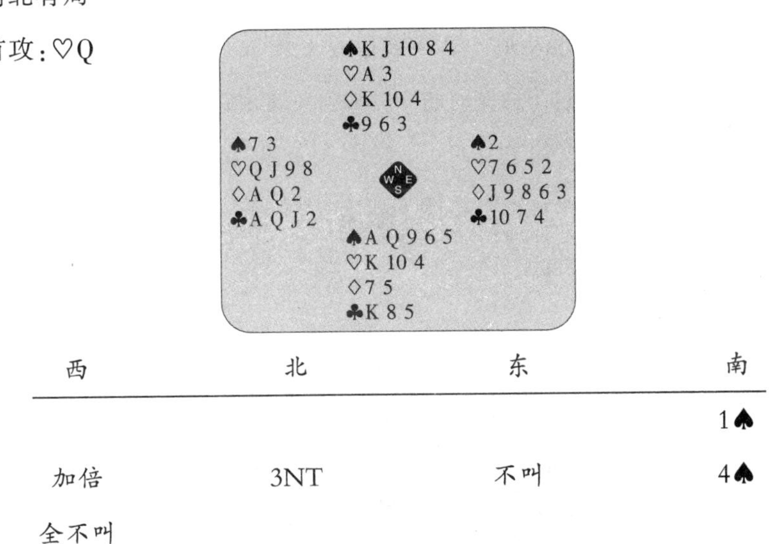


| 西 | 北 | 东 | 南 |
|---|---|---|---|
| | | | 1♠ |
| 加倍 | 3NT | 不叫 | 4♠ |
| 全不叫 | | | |

北家的3NT表示至少到4♠的好加叫，南家的4♠是止叫，暗示低限牌。第一墩明手的♡A吃住你的♡Q，然后是调两轮将，清光你们的将牌。同伴跟出一轮，第二轮垫◇3(表示奇数张)。庄家限制引方块到明手，你准备怎么打宕他？

比如说你跟小方块……庄家◇K拿，打♡K，将吃一个红心，小方块送给你的◇Q。你尝试用◇A脱手，但庄家暗手垫梅花。你现在必须给他将吃垫牌或打梅花到他的♣K。两种情况你们都只能得三墩。

也许你应该用◇A赢进再打◇Q。这回庄家无法用方块投入你了，但……他◇K得后将吃明手的第三张方块，现在打♡K和♡10。你用♡J盖上时，庄家从明手垫掉一张梅花。你再次被投入，不得不送给他第十墩。

要防宕敌方，你和搭档两人都要警醒。同伴的◇3告诉你庄家是双张方块。看不见的大牌有十三点，如果庄家除了◇J还缺任何大牌，他就不够开叫了，所以你必须打东家持这张牌。

看看你第一轮方块上◇Q会发生什么。◇K赢进，但庄家试图用方块投入你时，你的同伴可以赢得这墩。但防守还未大功告成。东家必须认识到这是唯一一次进手。如果他打梅花到你的梅花，你可以安全以◇A脱手，但庄家奔吃将牌时，你将遭到剥光紧逼(strip-squeeze)，最终被以◇A投入，只好从♡K10中引红心。东家进手后必须出♣10。这下庄家对防守方取得三墩梅花和一墩方块无能为力了。

我们的最后一副牌发生在1998年澳大利亚队选拔赛上。西家本·汤普森(Ben Thompson)演示了一个防家知道了所有大牌的位置后，能做出怎样的精彩打法：

双方有局

首攻：♡3

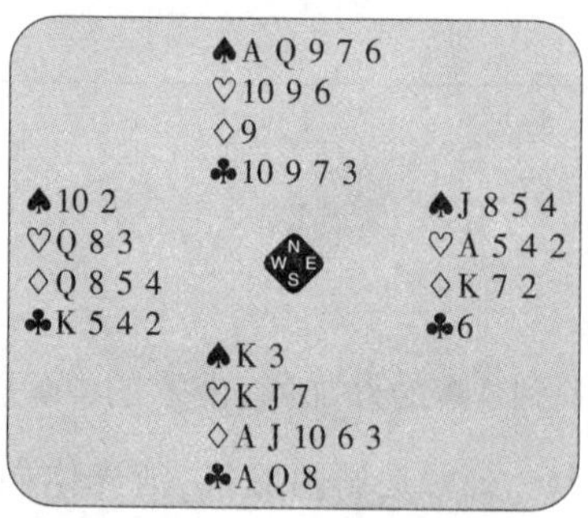


| 西 | 北 | 东 | 南 |
|---|---|---|---|
| 不叫 | 不叫 | 不叫 | 1◇ |
| 不叫 | 1♠ | 不叫 | 2NT |
| 不叫 | 3NT | 全不叫 | |

东家用♡A赢进首攻，继续攻红心到庄家的♡J和西家的♡Q。庄家吃住第三轮红心后，打三轮黑桃顶张，汤普森(西)垫梅花。现在庄家打梅花到♣Q——汤普森忍让，限制庄家得两墩梅花的关键打法。

庄家兑现♣A 再打梅花让西家出牌。汤普森回方块到◇K 和◇A。庄家试打◇J,但汤普森不会让自己功亏一篑。他忍让这墩,剩下◇Q8 看住庄家的◇106。宕一!

至关重要的打法是汤普森忍让◇Q。庄家显露了♡KJ、♠K 和♣Q——九点。如果他没有◇A 总是要宕的,如果有◇A 则不可能同时有◇AK。那样他已有二十点,而他的 2NT 再叫表示十八到十九点。

## 本章课程

* 计算你的和明手的点力,加上庄家的叫牌显示的点力,就可以得到同伴的点力范围。
* 避免“无机会”防守。如果那样无法打宕定约,不要打同伴有某个特定牌张,即使他真的有那张牌。
* 如果你需要同伴有特定牌张才能打宕定约,就假设他有,并且据此防御。
* 如果你持有本方大部分实力,要特别留意被紧逼或投入。设法让同伴进手。

# 第十五章　计算庄家的赢墩

在前面两章中，通过计算牌型和大牌点，我们尝试构建庄家的持牌。由此很多防守方取得了可喜的进步，但他们尚未走出至关重要的下一步——计算庄家的赢墩。

无论对防守方还是庄家来说，计算赢墩同等重要。这也是你实施何种防守策略的最终信息来源。庄家在为完成定约而苦苦挣扎吗？那你就要消极防守，确保己方不会轻易损失赢墩。你已经看到庄家有足够的赢墩，一旦他进手就可以兑现？在这种情况下你必须寻找快速赢墩，只要尚存一线机会，任何打法都可以尝试。

我们以一副直截了当的牌例作为本章的开始：

双方有局

首攻：♠3

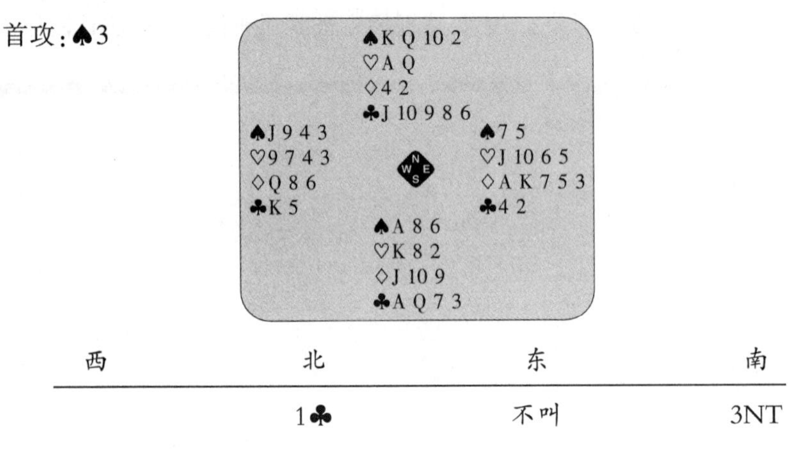


| 西 | 北 | 东 | 南 |
|---|---|---|---|
| | 1♣ | 不叫 | 3NT |

全不叫

由于没有任何信息，你首攻黑桃长四。明手的♠K 吃住后引梅花飞牌到你的♣K。现在如何防守？

懒惰的防家或许会转攻红心，希望同伴有♡K。计算庄家的赢墩清楚地表明，这样的转攻不可能取得好的效果（除非庄家的3NT是赌博，暗手持◇Q×××以及♡J×或者♡×××）。我们首先假设东家有♡K而不是◇K。如果你转攻红心，庄家多半飞牌并且输掉这一墩给同伴的♡K。但即便庄家在方块上猜断错误，他依然可以完成3NT。防守方可以吃到◇Q，◇K，◇A和♡K，但总共只有四墩。仍然不足以击宕定约！

以♣K进手后，如果你停下来计算庄家的赢墩，你就看到庄家有四墩黑桃（针对你的♠J进行标明的飞牌），四墩梅花（即便同伴有♣Q）以及明手的♡A。已经有九墩牌。通过简单的计算，你知道己方必须立刻吃到四墩才能打宕定约。很显然，唯一的希望在方块上。按照现在的实际分布，同伴肯定对你转攻方块欣喜若狂。

下面的牌例出现在1970年澳大利亚全国IMP双人赛的决赛中，检验一下自己能否解决这个问题。

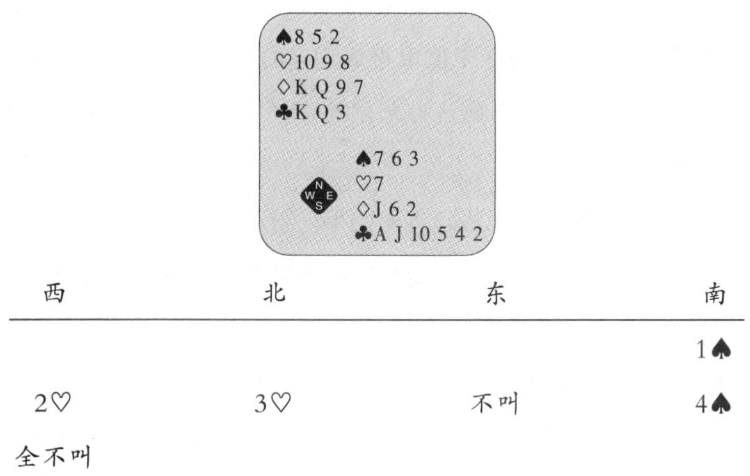


| 西 | 北 | 东 | 南 |
|---|---|---|---|
| | | | 1♠ |
| 2♡ | 3♡ | 不叫 | 4♠ |
| 全不叫 | | | |

北家的3♡表示不错的黑桃加叫。同伴首攻♡K，续攻♡A和♡Q。你在第二轮和第三轮红心上如何垫牌？

在实战中，只有三个庄家未能完成4♠，其中之一是传奇人物蒂姆·赛里斯

(Tim Seres)。他非常不幸,同一桌的东家是雷哲·布施博士(Dr. Reg Busch)。以下是整手牌的分布:

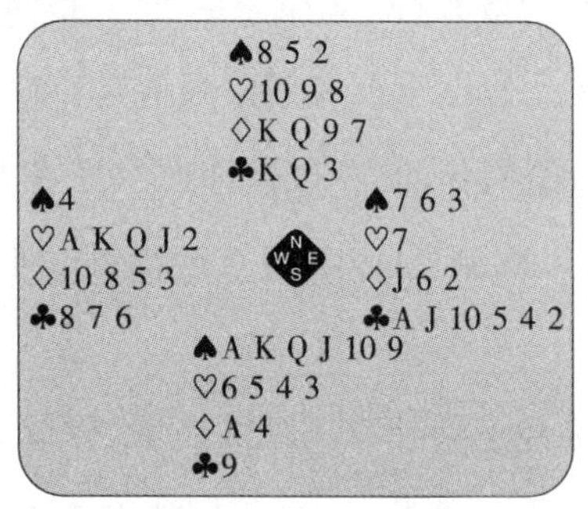


在第十二章中,我们介绍过这样的理念——当你已经看到致胜的防守路线时,就应该掌控局势。本例是验证上述观点的经典示例。在绝大多数桌上,东家利用自己的两次垫牌表示欢迎转攻梅花。你是否采用相同的防守打法?

我们暂时换到西家的位置。看上去同伴有♣A,但庄家很有可能这门花色是缺门。续攻第四轮红心寄希望同伴可以超将吃明手,这种打法是否更具吸引力?正如你看到得那样,这样的防守未能取得成功。的确,西家遵照东家的信号转攻梅花就可以打宕定约,然而,出现这种悲剧的责任完全归结于东家,因为他给了同伴犯错误的机会。

作为东家,你很清楚自己无法超将吃明手。看不到的缺失大牌是◇A以及将牌上的顶张,而庄家的叫牌显示他一定持有所缺的全部大牌。(同伴可能持有♠Q或者♠J。但即便有,也一定是单张。)通过计算庄家的赢墩,你可以看到如果无法吃到♣A,就肯定不能打宕定约。因而你应该采用布施博士的防守路线——在第二轮红心上垫掉梅花,用没有价值的小将牌将吃第三轮红心。通过将吃♡Q你获得了出牌权,随后兑现♣A打宕定约。

通过计算庄家的赢墩,使得你能够打出非常壮观的防守。在下面的牌例中让我们追随西家的思路:

双方有局

首攻：♡10

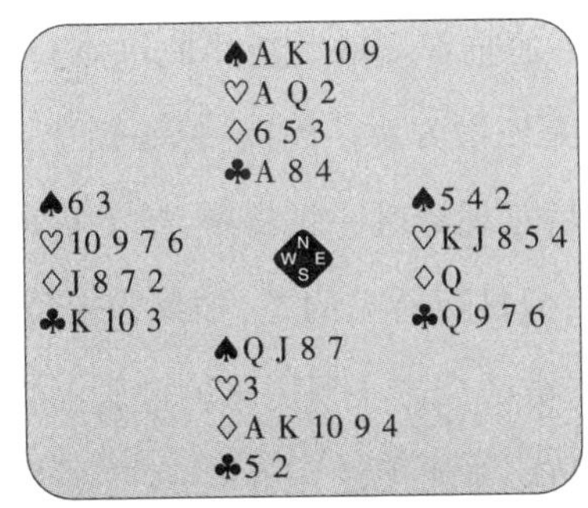


| 西 | 北 | 东 | 南 |
|---|---|---|---|
| | 1NT | 不叫 | 3♣[1] |
| 不叫 | 3◇ | 不叫 | 3♠[2] |
| 不叫 | 4♣ | 不叫 | 4◇ |
| 不叫 | 4♡ | 不叫 | 4♠ |
| 不叫 | 6♠ | 全不叫 | |

1. 转移至方块。

2. 第二套。

庄家以♡A吃住首攻，将吃一次红心。引将牌到明手的♠10，将吃第二次红心。♠A和♠K清光外面的将牌，引方块到◇Q和◇K。作为西家，当庄家在下面的局势中从暗手出◇10，你准备如何防守？

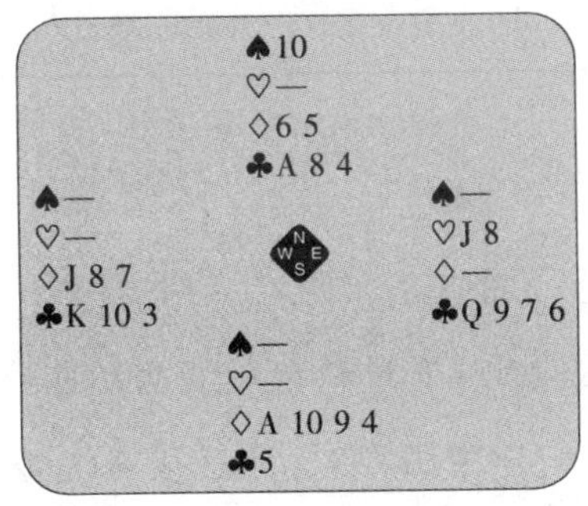


很多牌手不假思索地以◇J吃进这一墩——如果停下来计算庄家的赢墩，

你就清楚地知道◇J是防守方的最后一墩。庄家可以得到三墩方块，♣A以及明手的一张将牌，从而吃到剩下的全部赢墩。拒绝吃进◇J，由于暗手没有其他桥引，庄家就只能吃到三墩而不是四墩方块。因此，你必须让◇10吃到这一墩。

庄家引梅花到♣A然后兑现最后一张将牌，暗手垫掉方块。在实战中，或许你不知道梅花大牌在哪一家，但显而易见的是，如果你保留♣K和◇J×，你必定陷入终局打法，不得不在第十二墩回攻方块到庄家的嵌张。得出这样的结论之后——如果暗手剩下的梅花是♣Q，你就无法阻止庄家完成定约，你必须假设同伴有♣Q，自己垫掉♣K。尽管庄家付出了艰苦的努力，定约现在已经难逃失败的命运。

西家的防守看上去非同一般，但通过计算庄家的赢墩，你就可以看出每一步都是有逻辑性的。虽然讲述了这么多道理，但我们都知道很多防守中的错误都是由于疏于计算造成的。

在下面的牌例中你是西家，检验一下自己能否经受住考验：

双方无局

首攻：♡10

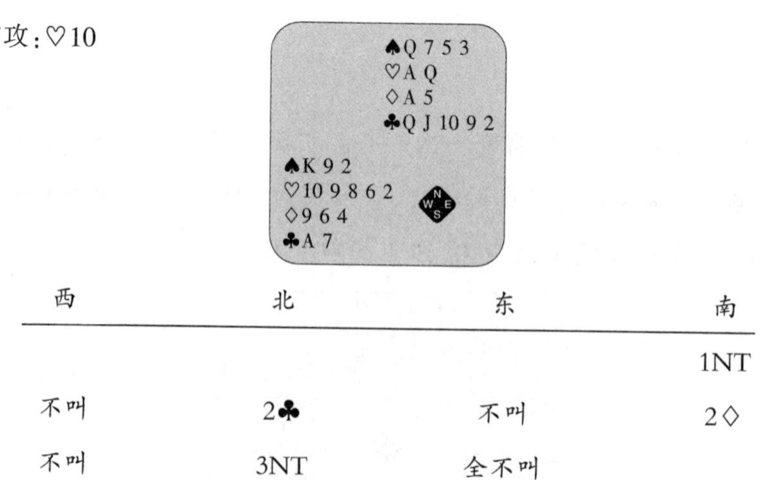


| 西 | 北 | 东 | 南 |
|---|---|---|---|
| | | | 1NT |
| 不叫 | 2♣ | 不叫 | 2◇ |
| 不叫 | 3NT | 全不叫 | |

南家开叫12~14点的1NT，通过斯台曼问叫后叫到3NT。你首攻红心，明手以♡Q吃进，同伴跟♡4，庄家跟♡3。你忍让♣Q，吃住第二轮梅花，同伴在这两轮跟出♣8和♣5。现在如何防守？

本章的内容讲述至目前,你应该已经养成了计算庄家赢墩的习惯。红心如何分布?庄家是否持双张♡K?也许——假如是这种情况,同伴原本持♡J764,那么他应该以大-小的方式表示偶数张。(即便庄家在第一墩跟出♡6,你也不应该受到蒙蔽,因为如果同伴持♡J743,他应该在第一墩跟出♡7 表示张数,而不是♡4。)因此,庄家有三墩红心,四墩梅花以及明手的◇A。总共有八墩。如果暗手还有♠A,定约就不可能打宕,因而应该合理地将这张牌假设在同伴手上。如果暗手有♠J,你方也无法在这门花色吃到四墩,于是必须假设在同伴手上。

很显然,你必须转攻黑桃,但是哪一张牌?回攻♠K 不可能是正确的——即便同伴持♠AJ10×,你方也只能吃到三墩。转攻小黑桃如何?如果同伴有♠10,这样的回牌可以奏效。但假如庄家有这张牌,明手的♠Q 将造成这门花色出现阻塞——回攻小黑桃到♠J,同伴续攻黑桃到你的♠K,当你继续出♠9 时明手放小。同伴还有一个黑桃赢墩,但已经没有兑现的进张。整手牌如下:

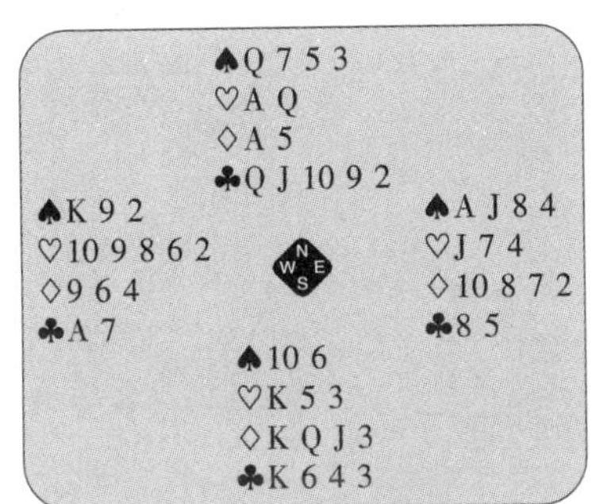


按照现在的牌张分布,只有回攻一张牌才能击宕定约。你是否发现应该转攻♠9?对你来说这是否是看上去深不可测的“专家打法”?也许是这样,但通过计算庄家的赢墩以及假设击宕定约同伴所需的最低要求持牌,你就可以找到类似的转攻。或许你认为同伴很难理解你的这种打法,但请记住同伴同样在计算庄家的赢墩和牌点。他很清楚除非你有♠K,否则你方很难击宕定约。

## 本章课程

* 计算庄家的大牌点和牌型,然后利用这些信息计算庄家的赢墩。
* 如果你能够看到致胜的防守,掌控后续局势。不要给同伴犯错误的机会。
* 通过计算庄家的赢墩,你发现同伴必须持有特定的牌张才能击宕定约,那么防守方必须基于这样的假设设计后续的防守路线。
* 假定同伴持有特定的牌张之前,必须确定如果同伴持有这张牌,你方就可以打宕定约。

# 第十六章　隐藏自己的牌型

贯穿本书始终,我们经常能够看到通过计算防守方的牌型和大牌点,有实力的庄家如何找到致胜的做庄路线。顶尖水平的防守方可以使这项工作对庄家来说异常困难。

在前面四章中,我们将注意力集中于计算,以便提高己方的防守准确性。在本书的剩余章节中,我们将讨论各式各样的伪装——通过这些方法,防守方可以避免庄家洞察自己的真实持牌。我们首先讲述如何避免庄家掌握你的牌型。

防守方打出(或者垫掉)特定牌张经常是非常简单的,因为看上去“显而易见”。我们看到过很多叫牌提供的信息已经足以使庄家完成定约的牌例。打出的牌张也有相同的效果。在很多牌局中,如果不借助防守方的帮助,庄家就无法掌握精确的牌型分布。

我们的第一个牌例选自一次复式赛。为了完成大满贯定约,庄家必须解决双向找Q的难题。联手缺少七张红心,而♡Q在四张一方,因而你可以预期有实力的庄家能完成定约——除非防守方非常小心。

双方有局

首攻:♠2

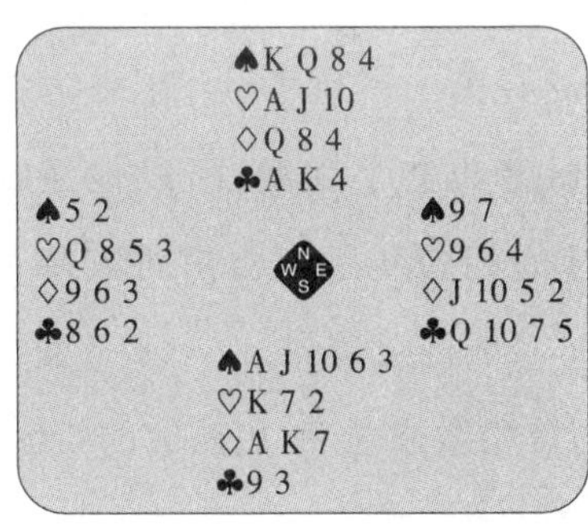

| 西 | 北 | 东 | 南 |
|---|---|---|---|
| | | | 1♠ |
| 不叫 | 4NT | 不叫 | 5♡ |
| 不叫 | 5NT | 不叫 | 6♡ |
| 不叫 | 7♠ | 全不叫 | |

庄家吃住将牌首攻后再清第二轮将牌。为了了解防守方的牌型,他连续兑现三轮方块(两个防家都跟牌),然后再清两轮将牌。西家垫掉两张梅花,东家垫掉第13张方块和一张梅花。庄家随即兑现♣A和♣K,用最后一张将牌将吃第三轮梅花。东家跟出三轮梅花,西家垫掉一张红心。现在每个人都剩下三张红心,庄家必须判断哪一家有♡Q。已知西家原本是2-4-3-4牌型,东家是2-3-4-4牌型。因而西家持有♡Q的概率是4:3——更可能持有这张牌。于是庄家兑现♡K,随后以♡J成功飞牌并且完成定约。庄家的打法遵循了概率,理应得到理想的结果。

在另一桌,定约和首攻都相同。庄家赢进首攻后调第二轮将牌。然后是三轮方块,西家跟◇3、◇6、◇9,东家跟◇2、◇5、◇J。接下来是两轮将牌,两个防家都垫一张红心和一张梅花。庄家兑现♣AK,将吃第三轮梅花,东西家都跟出三轮。

庄家停下来计算时,他知道两个防守方都有两张黑桃和四张梅花,两门红花色都是4-3分布。哪个防家持第十三张方块并仅有三张红心——也就是谁有◇10?跌出的方块没能提供太多线索,但庄家决定打西家持没看到的方块;那意味着东家初始持四张红心,有♡Q的机会更大。庄家打红心到♡A引♡J飞牌。西家拿出♡Q,大满贯宕一。

庄家没有办法探查谁有第十三张方块,除非防守方垫掉它来告诉庄家。庄家也没有合理的办法计算出整手牌型,所以他面临的是个真正的猜断(也许东家第三轮方块跟◇J的假牌使庄家相信西家持长方块)。如果你让庄家做50-50的猜测,他总有一半机会猜错。

现在我们把防守方的牌稍微改一下,用西家的♡Q换东家一张小红心,现在

♡Q 在三张的一边。之前的分布下，防守方希望将庄家置于 50–50 的猜断中；现在防守方则愿意让庄家知道精确的分布，以给他提供失败的选择。一个非常机敏的庄家可能最终会用反概率打法回报你，因为如果概率打法能成功，你不会让他看清每门花色的分布。如果遇到这样的庄家，我们的忠告只有：“别和他赌钱。”

这手牌最后一个要点是，你可能注意到了，庄家可以让防守方处境更艰难。他应该直接继续兑现两轮将牌，而不是先打方块赢张。防守方不得不垫两张牌，但垫一张红心和一张梅花远非那么明显。西家很可能会垫一张“无用的”小方块，庄家打方块时牌型分布就暴露无遗了。

上面这个牌例中，为了避免暴露牌型，一个防家必须保留一张庄家永远无法迫使自己打出的牌。你经常需要在对牌情了解甚少时垫牌。大多数牌手会在这种情况下做出“轻松的”垫牌，但机警的庄家常常能从中得到正确的推论。在我们的下一手牌中，绰号“托什(Tosh)”的麦金托什(MacIntosh)在 1998 年的大不列颠超级联赛上很好地说明了这一观点。请拿起南家的牌：

双方无局

首攻：♣K

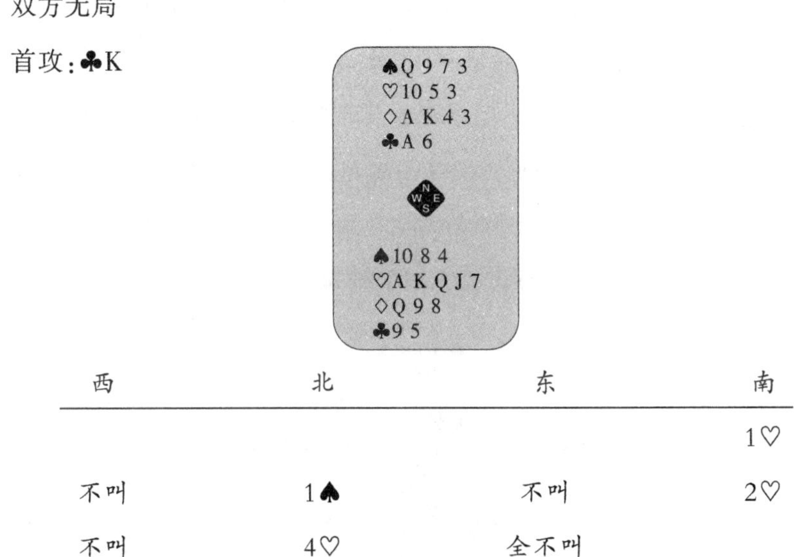


| 西 | 北 | 东 | 南 |
|---|---|---|---|
| | | | 1♡ |
| 不叫 | 1♠ | 不叫 | 2♡ |
| 不叫 | 4♡ | 全不叫 | |

你有九个顶张赢墩，第十墩来自明手的方块长套或者建立一墩黑桃。但首攻

梅花使你没有充足的时间检验两门花色的分布。方块 3–3 分布的概率是 36%，因而从表面上看，针对♠J 飞牌是更好的机会，因为它有 50%的概率。

你用♣A 吃住首攻，但清将时东家在第二轮告缺。建立黑桃赢墩的机会现在已经显著降低。首先，除了红心之外西家有九张牌，而东家有 12 张，降低了♠J 位置有利的机会。与此同时，你还有丧失将牌控制的危险。如果在树立黑桃之前清光将牌，即便♠J 的位置有利，防守方吃住第一轮黑桃后兑现梅花，然后再打第三轮梅花逼迫你用最后一张将牌将吃。当你再打第二轮黑桃，防守方吃进后可以兑现梅花赢墩。因此，你必须在明手尚有一张将牌，可以防范第三轮梅花的情况下着手树立黑桃。

这就意味着西家必须有三张黑桃并且包括♠J。如果他持♠J×，♠KJ 或者♠AJ，西家可以得到黑桃将吃，除此之外防守方还可以吃到两墩黑桃和一墩梅花。在这种情况下，树立一墩黑桃的机会大幅低于 50%。尽管没有任何一条路线可以确保成功，概率略微倾向于清光将牌，然后依赖方块分布得到第 10 墩。

在做决定之前，我们还有一个重要的信息未曾提供给你。东家在第二轮将牌上如何垫牌？实战中的东家是有丰富经验的国际级牌手，但他未加思索地垫掉一张小方块。现在有一个事实可以确定——方块原本肯定不是 3–3 分布。如果同伴原本持◇Q×，东家持◇J××垫掉一张方块是不可想象的。他同样不可能从◇10××或者◇×××中垫牌，因为显而易见方块是关键花色。（除此之外，由于只有四张红花色的牌张，东家应该有很多无价值的黑花色牌张可垫。）在实战中，麦金托什正确地判断东家的方块垫牌出自五张套。整手牌如下：

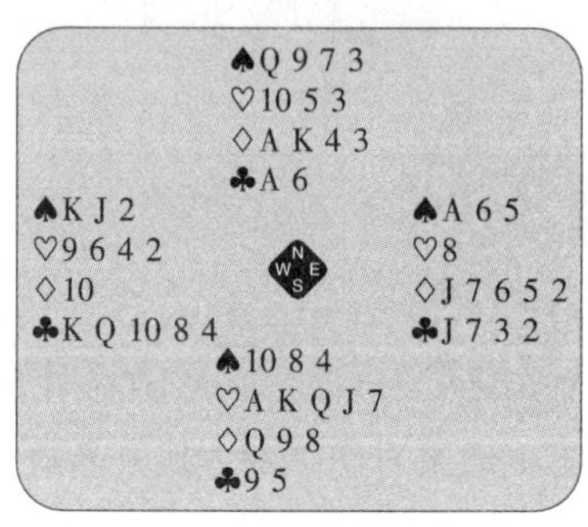

在第四墩托什引黑桃，并且对♠J飞牌成功。重新获得出牌权后，他清掉西家的最后一张将牌，然后对着明手再出第二轮黑桃，从而使得♠Q成为完成定约的第10墩。如果东家垫掉一张梅花，没有给庄家提供任何线索，定约很可能以失败告终。

粗心大意地垫牌并非防守方暴露信息的唯一方式。机敏的庄家可以从你打出的每一张牌中获取信息。然而，富有想象力的防家有时候可以给庄家描绘一幅虚假的景象：

东西有局

首攻：♠J

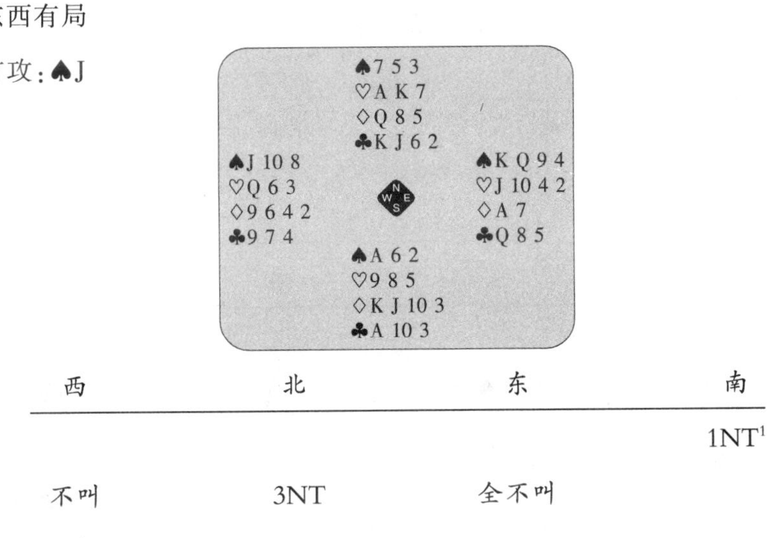


| 西 | 北 | 东 | 南 |
|---|---|---|---|
| | | | 1NT[1] |
| 不叫 | 3NT | 全不叫 | |

1. 12~14 点。

东家用♠Q盖打同伴的♠J，拿到这一墩。他接着打♠K和另一张黑桃，庄家赢进第三墩。庄家顶出◇A时，东家没有兑现长黑桃，给庄家造成这张牌在西家手中的幻觉。他简单以方块脱手。

从庄家的角度看这手牌，他有八个顶张赢墩，很容易从梅花中建立第九墩。很自然的，他希望朝安全的方向飞牌——没有第十三张黑桃的防家。庄家兑现♣A，打梅花到明手的♣J。东家♣Q赢进，拿出他没有的那张牌——最后一张黑桃。宕一！

这是才华横溢的防守吗？并非如此。这只是个不向庄家泄露信息的问题。格言说得好："防守 3NT 时，不看见第五墩不要取第四墩。"

据说伟大的意大利蓝队牌手不仅打他自己的十三张牌，甚至不止他和同伴的二十六张牌。他们通过把自己的意念投射到庄家脑海里打全部五十二张牌。看看西家如何运用横向思维获利：

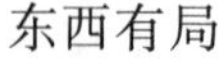

东西有局

首攻：◇Q

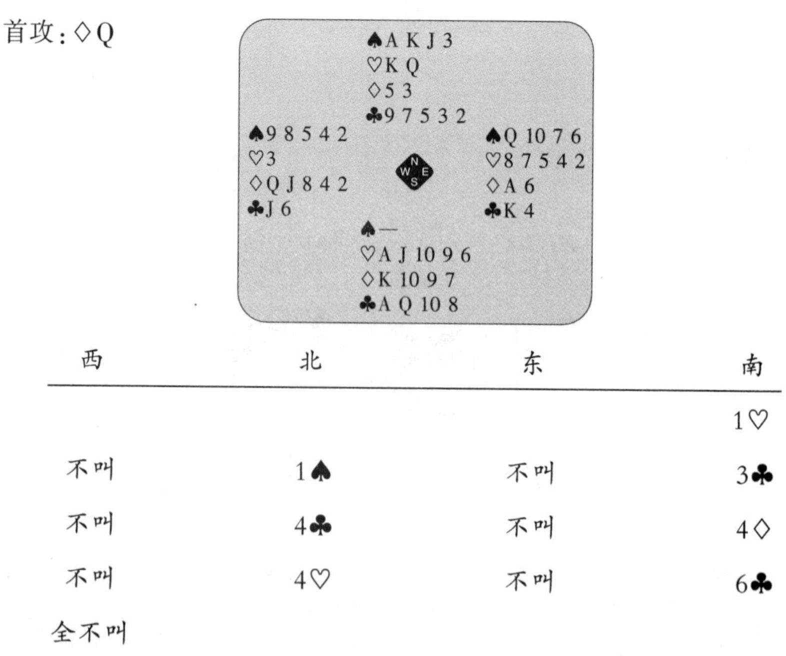


| 西 | 北 | 东 | 南 |
|---|---|---|---|
| | | | 1♡ |
| 不叫 | 1♠ | 不叫 | 3♣ |
| 不叫 | 4♣ | 不叫 | 4◇ |
| 不叫 | 4♡ | 不叫 | 6♣ |
| 全不叫 | | | |

东家超打同伴的◇Q，回攻方块到◇K。庄家打红心到明手，引将牌到♣Q。他兑现♣A 时，在外的将牌双双跌落，庄家摊牌宣称打成。这看起来非常简单，除非桌上的一切并非这样发生的。坐在西家的位置上，你可以猜到庄家持♣AQ××、◇K 和♣K 将在♣A 下一起跌落。如果有办法能让庄家调第二轮将之前打红心……

唯有从庄家的角度看待这手牌，你才能发现如何将他推向失败的路线。如果你平静地在♣Q 下跟出♣J，庄家会怎么打？他是不是会认为你的搭档持♣K××，打红心下桌再次飞将牌？他这样做的时候，你当然会用剩下的小将牌将吃。你再打第三轮方块，同伴的♣K还能再拿一墩，宕二！

精彩？耀眼？是的，但任何好防家错失这一打法都是令人失望的。跟出♣J不会有任何损失。跟小牌庄家除了兑现♣A别无选择。

正如我们之前看到的，持有绝大多数本方牌力的防家容易遭到投入或挤牌。如下例所示，有些挤牌是自动的，防守方没有机会淆惑视听：

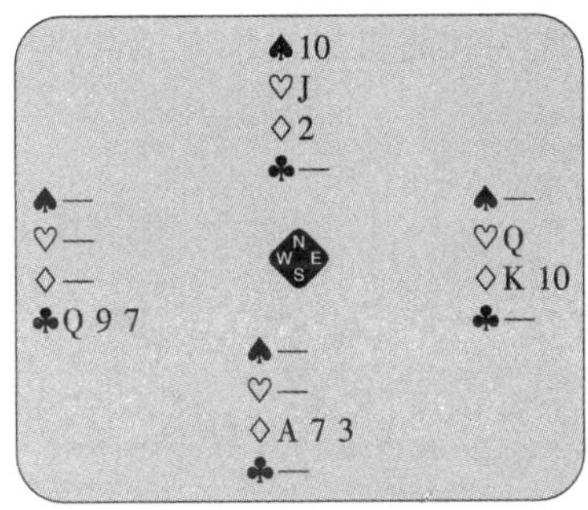


你是南家，主打无将定约，出牌权在明手。你打出明手的黑桃时，东家无法同时保留大红心和方块挡张。只要你留意红心，就会知道♡J是否已成大牌。东家和西家的牌换一下也没有差别。在第十二墩该打什么总是清楚的。

但有的牌挤牌已经成立，庄家还得读清局势才能成功。看看下面的牌例中发生了什么：

东西有局

首攻：♡6

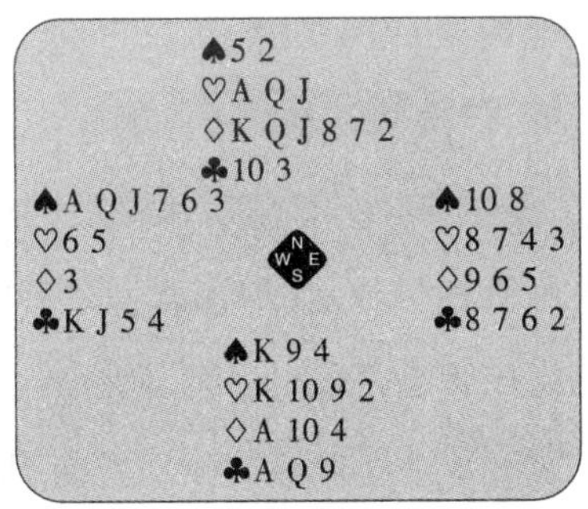

| 西 | 北 | 东 | 南 |
| --- | --- | --- | --- |
| | | | 1NT |
| 2◇ | 4NT | 不叫 | 6NT |
| 全不叫 | | | |

南家开叫 15~17 点的 1NT,西家的 2◇表示黑桃和另一套。北家做示量加叫,南家看到他的中间张不错接受了邀请。红心首攻没有任何损失,庄家有十一个顶张赢墩。♠A 和♣K 位置都不利的机会非常大,所以先失一墩而不失第二墩没有可能。唯一机会是剥光挤牌。

兑现完明手的红心赢墩,庄家用◇A 回手,在♡K 下垫掉明手一张梅花,然后奔吃明手四个方块赢墩到达如下残局:

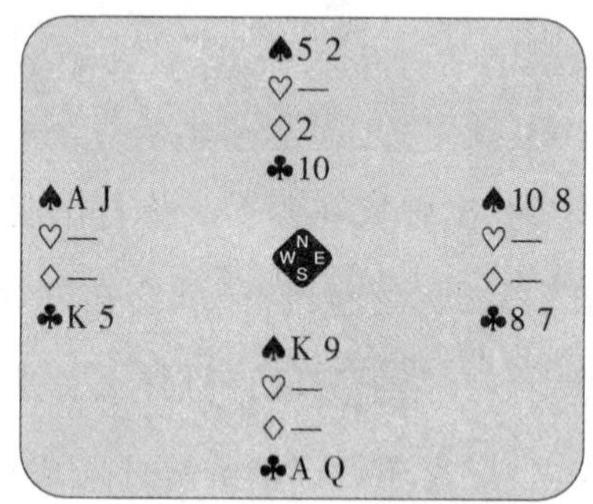


在最后一张方块上,庄家垫小黑桃。如果西家痛苦挣扎之后垫♠J,庄家将毫无困难地用黑桃投入他,让他从◇K 下引出梅花。如果他垫梅花,庄家可以引梅花到♣A 击落♣K,满贯同样被打成。即使西家垫牌时如同在公园散步般轻松,庄家也很像能读清他的最后四张牌。

定约事实上是打不宕的,但这并不意味着东西家应该收拾行李回家。如果西家是一位精于计算的防家,他可以在早期就看出最后的局势。防守方对付这类残局的成功秘诀是早期做出困难的垫牌。比如说西家最后四张牌时留♠AJ6 和♣K。他尝试让庄家认为自己的初始牌型是 5-2-1-5 而不是 6-2-1-4。在最后一张方块上,西家垫掉♠J。难道庄家不会错误地认为他手里剩下单张♠A 而去打投入吗?

关于这手牌最后一点要注意的是,东家绝非与防守无关。他必须保留黑花色的牌张,避免庄家看破西家的诡计。他还不能在黑花色上打张数信号,那样也会帮助庄家。

## 本章课程

* 别给庄家看你的牌!
* 注意隐瞒你的牌型。避免无端向庄家暴露其无法获得的信息。
* 如果计算庄家的赢墩、牌型和牌点得到的结果是定约注定会打成,试试通过虚构你的牌情给庄家提供可能致败的选择。
* 垫牌时,不仅要考虑垫哪张牌最安全,还要考虑垫哪张给庄家的信息最少。
* 打信号之前先想想谁更像能从你提供的信息中获利。
* 我们说过"别给庄家看你的牌"吗?

# 第十七章　隐藏你的大牌

在上一章中，我们看到防守方可以通过隐藏本方牌型保护大牌。悉心管理防守方的大牌也很重要。例如，假设你首家没有开叫，然后在前几墩露出一个A和两个K，一个警觉的庄家绝不会按照你持关键的Q打牌。相反，如果你持十一点没有开叫而敌方叫到成局定约，尽早让庄家看到你的大部分大牌可能是有利的。在打牌的后期，庄家会更倾向于打你的同伴有某张关键的J或Q，而实际上却也在你手上。

即使庄家从叫牌中得知哪个防家持有多数大牌，误导他相信某张关键大牌的位置仍然是可能的。我们的第一个牌例出现在一场双人赛中，超墩经常能诱惑贪婪的庄家。如果你想试一试，请坐到西家的位置上，盖上东家和南家的牌：

双方有局

首攻：♡Q

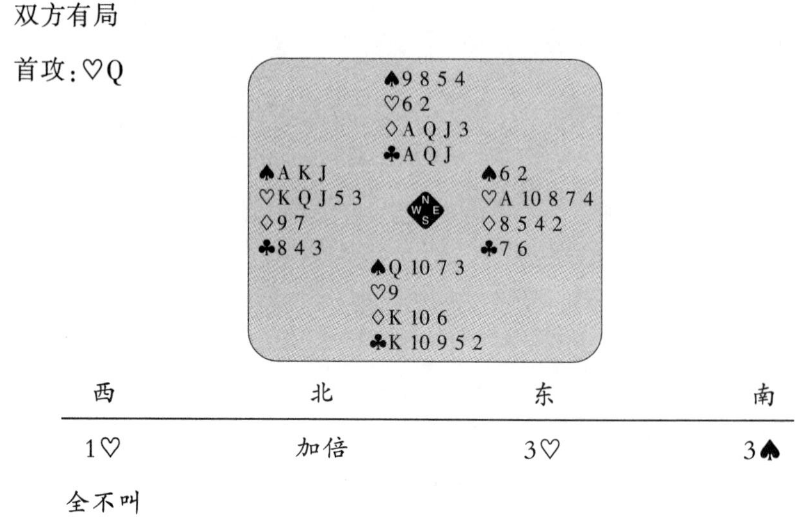


| 西 | 北 | 东 | 南 |
|---|---|---|---|
| 1♡ | 加倍 | 3♡ | 3♠ |
| 全不叫 | | | |

你首攻一张大红心,同伴跟♡7(表示奇数张),庄家跟♡9。你的计划是什么?

你已经可以算清整手牌。同伴有♡A10×××,由于3♡是阻击性加叫,他不会再有边花K了。所以庄家的低花是坚固的。你可以看到一墩红心和三墩将牌,没有合理的机会取到第五墩。但你没有理由放弃。也许庄家会被可能获得超墩诱惑。你打第二轮红心,庄家如你预期将吃。用梅花到明手后,庄家引♠9飞给你的……♠K!

由于没有输张可垫,给庄家将吃垫牌没有损失,所以你继续打红心。如果庄家暗手将吃,他就不能飞东家的♠J了;所以他让明手将吃。当他重复黑桃飞牌时,你用♠J赢进,♠A调将,兑现两墩红心,把定约打宕两墩。

这位庄家只知道西家有开叫实力,但♠J完全可能处于有利位置。如果你的实力已知在一个狭窄范围内,可能需要更艰难的努力才能为你的牌制造一幅幻象。在下一个牌例中,东家开叫过15~17点的1NT:

东西有局

首攻:♠4

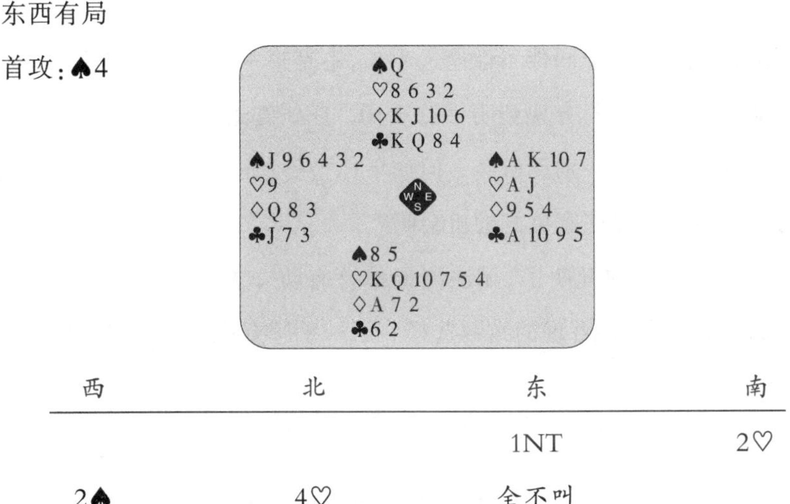


| 西 | 北 | 东 | 南 |
|---|---|---|---|
| | | 1NT | 2♡ |
| 2♠ | 4♡ | 全不叫 | |

你是东,同伴首攻♠4。如果你机械地用♠K赢进,防守实际上已经结束了。比如说你换攻将牌A和J。庄家打梅花到♣K时你只有上♣A。庄家现在已经"看到"你有十六点。因为你的1NT开叫最多十七点,他飞你同伴的◇Q把定约带回家毫无困难。

但如果你用♠A 赢得第一墩，也许再添油加醋地回打小黑桃到同伴已知的♠J，庄家更可能把♠K 定位在西家。他将“知道”你有◇Q 而飞错方向。宕一！

下一副牌展示的是一个经典骗着：

南北有局

首攻：♠9

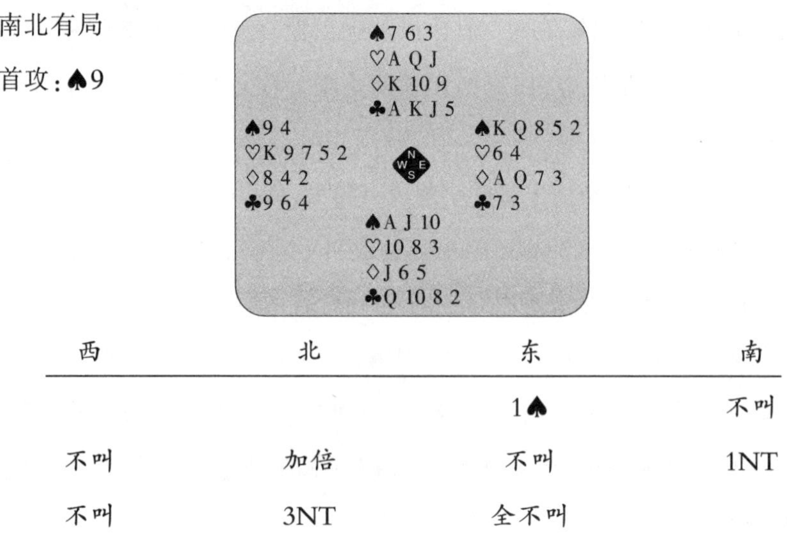


| 西 | 北 | 东 | 南 |
|---|---|---|---|
| | | 1♠ | 不叫 |
| 不叫 | 加倍 | 不叫 | 1NT |
| 不叫 | 3NT | 全不叫 | |

这次你还是东家。由于同伴不像能进手，这不是第一轮放小的时机，所以你出♠Q。庄家♠A 拿后马上打方块到明手的◇10。庄家知道你有◇A，如果你用◇Q 赢进这墩，他除了飞中红心别无机会。但如果你平静地用◇A 赢进，难道重复“飞中”的方块飞牌难道不是庄家更好的机会吗？

在这手牌中，由于你开叫了，无法掩饰你持有防守方绝大部分牌力的事实。你能做的只是为庄家提供合理的致败选择。下一手牌要说的是“尽早打出已知在你手中的牌”：

东西有局

首攻：◇K

北：
♠A K J 10
♡A Q 10 9 7
◇5
♣5 4 3

西：
♠4 2
♡K J 3
◇A K Q J 7
♣K J 10

东：
♠8 6 5
♡8 6 2
◇10 9 6
♣8 7 6 2

南：
♠Q 9 7 3
♡5 4
◇8 4 3 2
♣A Q 9

| 西 | 北 | 东 | 南 |
|---|---|---|---|
| 1◇ | 加倍 | 不叫 | 2♠ |
| 不叫 | 4♠ | 全不叫 | |

作为西家，你首攻一个方块顶张，继续打第二轮逼明手将吃。庄家兑现♠A，用♠Q超打♠J回手，打红心用♡Q飞，再兑现♡A。

庄家知道你有♡K。如果你跟♡J，他就知道将吃第三轮红心是安全的。由于这门花色3–3分布，他将舒服地拿到十墩。但如果你在♡A下跟♡K(已知在你手中的牌)，庄家就有了另一个选择。他可能会引♡10将吃飞牌，打你两门高花都是双张。如果他这么做了，你就有了再打方块逼明手再次将吃，废掉明手红心套的机会。

要知道，庄家能从每墩牌上得到信息。不让他获得新信息的唯一办法就是打出他已经知道你有的牌张。这个主题可以在很多花色组合上出现。看看下面这手牌的红心套：

双方无局

首攻：◇9

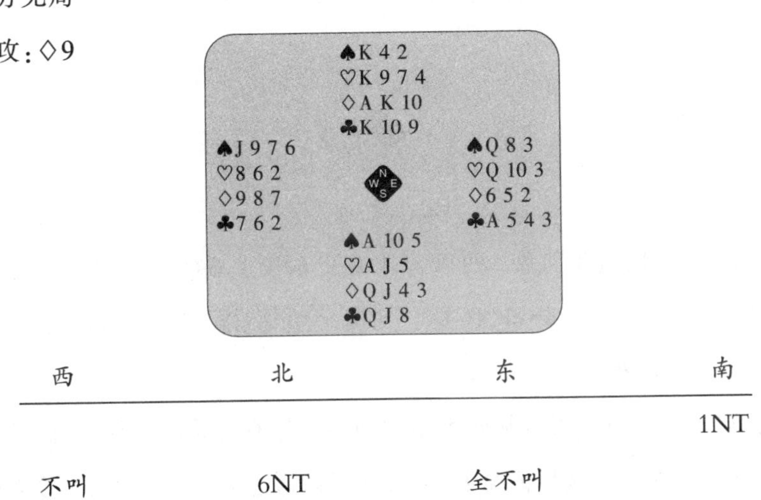


| 西 | 北 | 东 | 南 |
|---|---|---|---|
| | | | 1NT |
| 不叫 | 6NT | 全不叫 | |

北家的♡9和◇10使他不做邀请直接叫上满贯。庄家赢得方块首攻，马上连打三轮方块，两个防家和明手都垫梅花。庄家打梅花到♣K，你是东家，用♣A赢

进后回打梅花。庄家打黑桃到♠K，再打红心到♡J。现在他兑现♡A，如果你没有平静地跟出♡Q，那张已知在你手中的牌，庄家除了打红心 3–3 分布无路可走。假如你在第二轮红心上跟♡Q，残局如下：

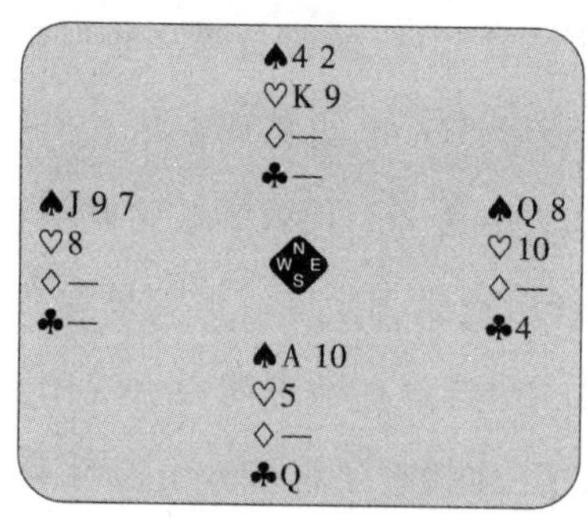


庄家怀疑东家的♡Q 是假牌，试图探查高花的分布。他兑现梅花赢张，西家识破了庄家的企图，他垫掉一张黑桃。兑现♠A 时，西家跟♠J。第十二墩庄家朝明手出红心，西家跟出♡8。庄家猜错红心用明手的♡9 的机会很大。记住，庄家在这种有两个选择的局面下经常会猜错。

有时看起来庄家注定会成功。考虑一下这个将牌局势：

你坐南家主打，这是将牌。西家首攻♣3，东家上♣Q，你赢进。你会打出另一个顶张，希望将牌 2–2 分布，还是会到明手引梅花飞东家的♣QJ×？大多数庄家会打右手方持♣QJ×。

作为首攻方，你有时可以从叫牌中判断出庄家有九张将牌配合，而且绝大多数大牌都在你的右方。这种情况下，你常常可以通过从 J×甚至 Q×中首攻小将牌得到无中生有的一墩。即使庄家猜对了，至少你给他制造了一个致败的选择，这经常是你能做出的最佳防守。

我们用本章最后一副牌强调这一点，它取自1998年泛亚桥牌协会锦标赛。防守方没有搭档庄家的真正机会，但任何致败的选择都逼没有强。有时庄家会向旅鼠一样跳进深渊：

双方有局

首攻：♠Q

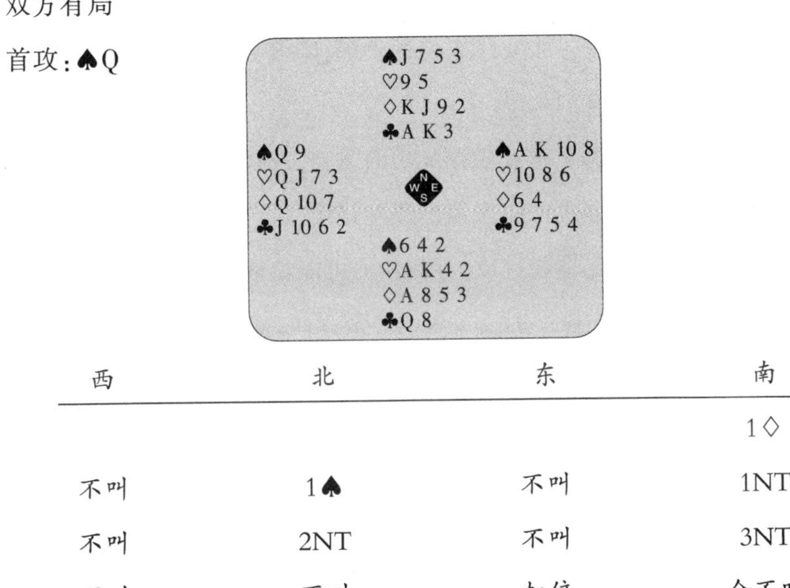


| 西 | 北 | 东 | 南 |
|---|---|---|---|
| | | | 1◇ |
| 不叫 | 1♠ | 不叫 | 1NT |
| 不叫 | 2NT | 不叫 | 3NT |
| 不叫 | 不叫 | 加倍 | 全不叫 |

西家是澳大利亚的本·汤普森，他首攻♠Q再打黑桃到东家的♠10。庄家跟出第三张黑桃后（意味着防守方只有四墩黑桃），从西家的角度看前景很黯淡。汤普森可以算出所有大牌，庄家开叫并接受进局邀请，必然有剩下的十三点。由于方块的分布对庄家有利，真正的防守前景并不存在。防守方的唯一机会是使庄家相信东家并非仅持♠AK10×加倍。

在此基础上看看你能否发现如何给庄家提供一个致败的选择，即使庄家中计的机会不大。汤普森在第三轮黑桃上垫掉一张红心，在第四轮垫◇10！庄家赢进转攻的红心，打方块到◇K，引◇J飞给西家的◇Q。也许难以置信，但真的发生了！

## 本章课程

* 了解庄家从叫牌中预期的防守方大牌分布。
* 为了让庄家相信你有一张实际未持的大牌，隐藏另一门花色上的大牌。
* 尽早打出已知你持有的大牌。
* 通过隐藏你的大牌诱导庄家放弃成功的飞牌，选择失败的飞牌。
* 用提供可信选择的方式使庄家偏离致胜路线。
* 如果你看到庄家注定将会打成，寻找任何可能给他提供致败选择的办法。

# 第十八章　让庄家提前决断

我们已经看过如何通过隐藏你的牌型分布和防守方的大牌使庄家选择致败的路线。防守方也可以通过迫使庄家在获得所有信息之前做出决定性的选择,使机会向本方倾斜。

好庄家更愿意组合使用他们的选择而不是孤注一掷地打一个机会。所以被动地让庄家依次尝试每个机会肯定非你所愿。假设庄家有两个机会能打成定约——某门花色 3–3 分布,如果分布不利则需要飞中另一门花色。如果你能迫使他在检验另一门花色分布之前,在飞牌的花色上做决断,你就把他的两个机会变成了一个。他必须马上决定把所有的鸡蛋放在哪个篮子里。

这种局势存在很多形式。带着这个线索,也许你已经准备好测验自己的防守。倘若如此,请盖上西家和南家的牌,拿起东家的牌在下列第一手牌中防御满贯。

南北有局

首攻:♡9

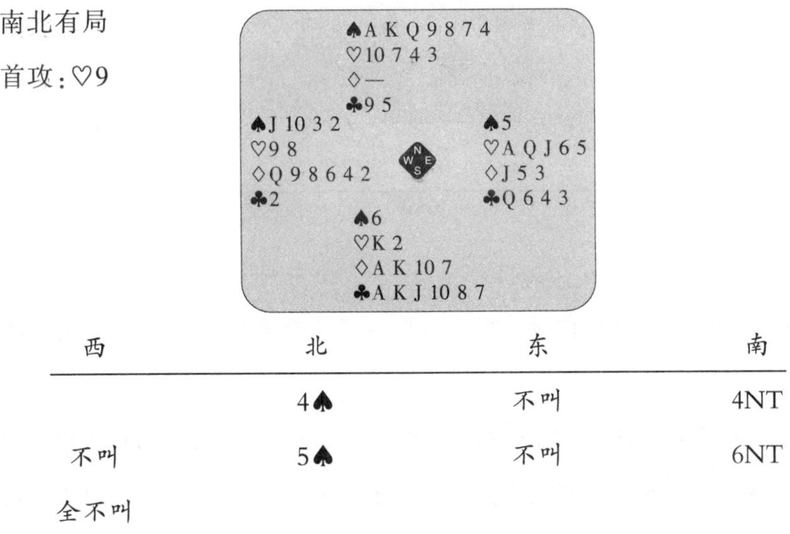


| 西 | 北 | 东 | 南 |
|---|---|---|---|
| | 4♠ | 不叫 | 4NT |
| 不叫 | 5♠ | 不叫 | 6NT |
| 全不叫 | | | |

南家的4NT是罗马关键张问叫，北家的答叫确认了持有三个黑桃顶张。南家选择无将满贯以保护他的红心。坐在东家，你用♡A赢得首攻。你准备回什么牌？

你对南家的牌没有清晰的图像。如果他有两张以上黑桃，无疑打一两轮后就可以摊牌。但如果他只有一张黑桃呢？设想一下如果你回红心庄家会怎么打。看来庄家♡K赢进后会打黑桃。他发现自己只有一墩黑桃后，将从明手引♣9飞牌。再飞一次梅花捕获你的♣Q，尽管梅花不是平均分布，他也一定能打成。你有什么办法破坏他的计划吗？

你知道黑桃分布不利时，庄家需要树立低花赢墩。此时你唯一建设性的回牌就是梅花，让庄家在一个可能是赢墩来源的花色上提前做决定。你认为庄家会在黑桃3–2分布就有十二个顶张赢墩的定约上，把成败赌在梅花飞牌上吗？当然不会。他肯定会上♢K并兑现黑桃顶张。现在，当他发现黑桃分布不利时，只能飞一次梅花——不足以捉住你的♣Q。

带着这个理念，请试试下面的问题：

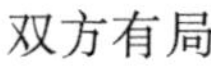

双方有局

首攻：♠3

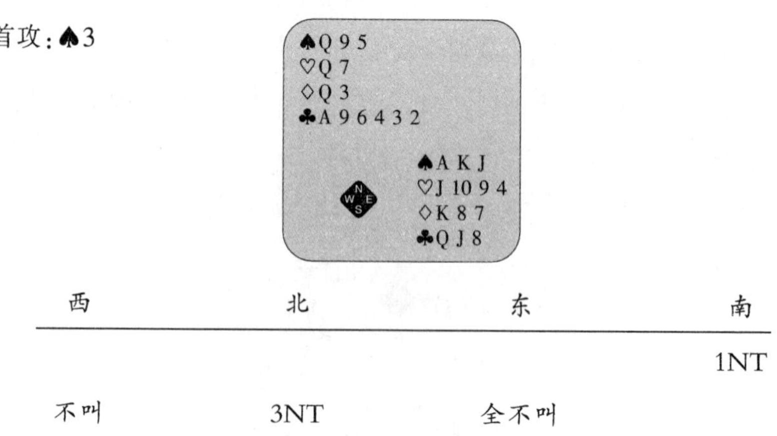


| 西 | 北 | 东 | 南 |
|---|---|---|---|
| | | | 1NT |
| 不叫 | 3NT | 全不叫 | |

南家的1NT表示15~17点，所以你知道同伴有多少点——零！你的防守计划是什么？

你知道庄家有♡AK、♢AJ和♣K。他的牌型是什么？同伴的首攻像是出自五张套，那庄家就是两张小黑桃。他几乎肯定有三张以上梅花。你无法阻止庄家建立第九墩，所以必须尽快为本方树立五个赢墩。你能数出三墩黑桃和一墩梅花，唯一能指望成为第五墩的是◇K！

你认为连取三墩黑桃后第四墩转攻方块会发生什么？整手牌如下：

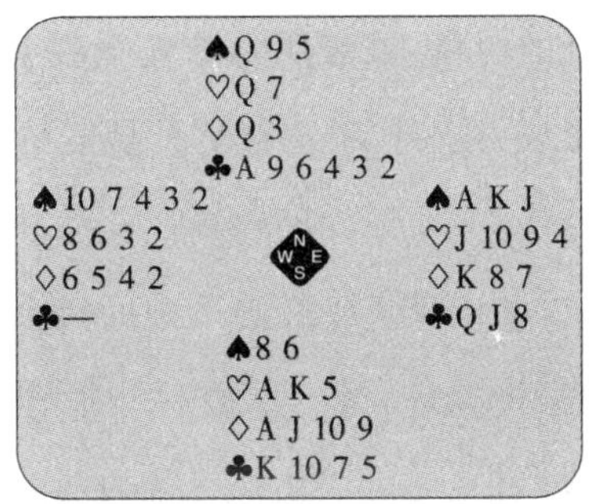


设身处地站在庄家的位置上想一想。他在有十张梅花配合，2-1分布即可摊牌，会冒让西家进手兑现黑桃的风险吗？如果你知道这个机会，也许我们应该劝他和我们打高赌注的盘式桥牌……一个理智的庄家当然会上◇A——当西家首轮梅花告缺时，已经无可挽回。

前两手牌防守方获得成功都是因为庄家拒绝了一个看起来不必要的飞牌。另一个限制庄家选择的途径是迫使庄家过早垫牌：

东西有局

首攻：◇J

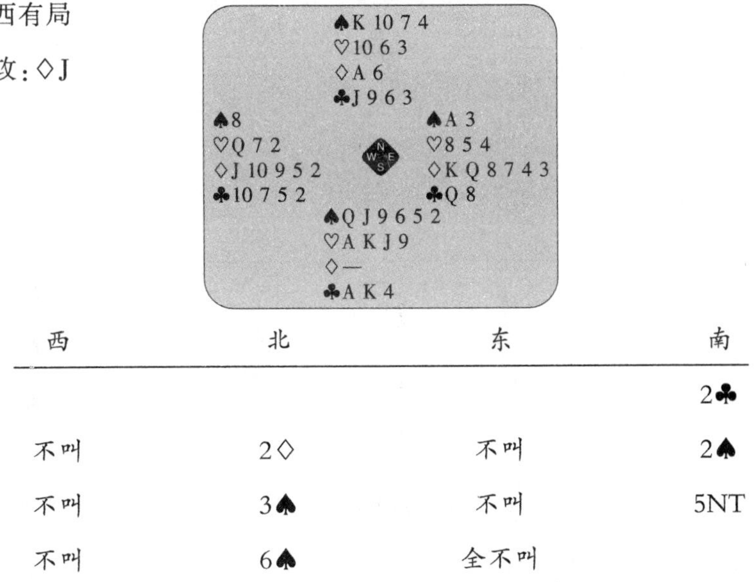


| 西 | 北 | 东 | 南 |
|---|---|---|---|
| | | | 2♣ |
| 不叫 | 2◇ | 不叫 | 2♠ |
| 不叫 | 3♠ | 不叫 | 5NT |
| 不叫 | 6♠ | 全不叫 | |

同伴加叫黑桃之后，南家询问将牌顶张发现缺一个之后停在小满贯上。庄家第一墩让明手跟小方块，手上将吃。你是东家，用♠A 赢进第二墩，同伴跟牌。你应该如何防守？

看上去像是穿梭红心的时机，或者用将牌安全脱手？即使看到整手牌，你都可能觉得回什么都无关紧要。是的，庄家打对总是能打成他的定约。但他当然不知道你的◇Q 将在第二轮跌落。如果你回攻第二轮方块，庄家会垫什么？换成你，会不会垫掉梅花输张，打◇Q10 双张或红心飞中的机会？

如果你回攻红心，庄家将赢进，调出你最后一张将牌，兑现♣AK。♣Q 跌落后，他将飞西家的♣10。♣J 和◇A 可以垫掉庄家的两个红心输张。回攻将牌的情况也是一样。但如果你迫使庄家在不知道该垫什么的时候垫牌，他有时会做错。

下一手牌是这一原则难度大些的例子，但计算能让东家做出正确的打法。如果不是天色太晚，请盖上西家和南家的牌，坐在东家的座位上计划防守。

双方无局

首攻：♡6

北：♠J 10 8 ♡K Q ◇J 8 6 4 ♣Q 7 5 2

西：♠9 5 2 ♡9 6 4 2 ◇Q 10 5 ♣9 8 4

东：♠— ♡A J 10 8 7 5 3 ◇9 2 ♣A J 10 3

南：♠A K Q 7 6 4 3 ♡— ◇A K 7 3 ♣K 6

| 西 | 北 | 东 | 南 |
|---|---|---|---|
| | | | 2♣ |
| 不叫 | 2NT | 3♡ | 3♠ |
| 5♡ | 加倍 | 不叫 | 6♠ |
| 全不叫 | | | |

很多牌手会还没开始思考就让定约打成了。西家找到了唯一能打宕的首攻，你该如何防守？为什么？

坐在东家,你知道同伴的跳加叫肯定有四张红心,所以庄家是缺门。如果你用♡A盖上♡K,庄家会将吃,以后可以从容安排垫牌。不上♡A将迫使庄家立即决定垫什么。在这手牌中,何时垫牌将决定定约成败!

我们看看你盖上♡A会发生什么。庄家将吃,兑现一个黑桃顶张,打第二轮将牌到明手。他从明手引小梅花时,你能做什么?你已陷入莫顿叉子妙招(Morton's Fork)。如果你用♣A赢进,庄家有两个赢张(♡Q和♣Q)用于垫掉方块输张。如果你不上♣A,他的♣K赢进后,调第三轮将牌到明手的♠J,用♡Q垫掉梅花,只需送一墩方块。

看看你让♡K赢得第一墩有什么区别。庄家该垫什么?答案是无论他垫什么都将宕一。你无法阻止庄家用明手的红心垫牌,但你能使他在错误的时机垫牌。

在迫使庄家在尚未准备好的情况下垫牌这一主题的最后一个牌例中,焦点是将牌花色。多数防家能通过计算本方的潜在赢墩解决这个问题:

双方有局

首攻:♡4

| 西 | 北 | 东 | 南 |
|---|---|---|---|
| | ♠A K 2<br>♡5 3<br>◇K J 10 4<br>♣K 9 7 3 | | |
| ♠Q 7 6<br>♡8 4 2<br>◇7 6 5 2<br>♣8 4 2 | | ♠5 3<br>♡A K Q 9 6<br>◇A 9<br>♣J 10 6 5 | |
| | | | ♠J 10 9 8 4<br>♡J 10 7<br>◇Q 8 3<br>♣A Q |

| 西 | 北 | 东 | 南 |
|---|---|---|---|
| | 1◇ | 1♡ | 1♠ |
| 不叫 | 2♠ | 不叫 | 3◇ |
| 不叫 | 4♠ | 全不叫 | |

南家的1♠应叫保证五张,3◇是进局试探。持已显示牌力的高限,北家接受邀请。

你是东家,用♡Q 赢得第一墩。你兑现♡K,同伴跟♡8,所以你知道西家和南家最初都有三张红心。◇A 是防守方的第三墩,但庄家肯定拥有看不见的绝大多数大牌才够在同伴低限加叫后试探进局。有什么机会吗?

如果你能打宕定约,西家必须有一张有用的大牌。他不可能有 A。南家的 3◇像是有◇Q,而且如果同伴有这张牌,庄家基于你的争叫不会猜错。同伴持◇Q 没有用;庄家只有五张低花,他的梅花输张肯定可以用明手的方块垫掉。唯一的机会是西家持♠Q××。如果是这样,你打第三轮红心能把他的♠Q 提升为赢墩。

本例你可以通过逼迫将吃升级出将牌赢墩。有些其他场合,而你只能限制庄家在将牌上的选择。看看这个熟悉的将牌局势:

明手

♣K 7 4

庄家

♣A Q 10 6 5

任何好庄家都知道处理这门花色的正确方式:兑现♣A 后打梅花到♣K。如果西家告缺,则对东家做标明的飞牌。庄家的打法在 3-2 分布和东家持♣×××一墩不丢。防守方让明手将吃一次会怎样?绝大多数庄家会兑现♣K 再打梅花到♣A,简单希望 3-2 分布。如果东家持♣×××,可望取得一墩。

那么,如果防守方离开他们的防守路线逼迫明手将吃,庄家应该兑现♣K 后用♣10 飞牌吗?可能有些庄家会采取这条路线,因为他们认为防守方逼明手将吃必有原因。我们能说的是:对付这样的庄家,西家持 J×或 J××时应尽力迫使明手将吃。

这里的概念是消除庄家的选择使其面临各种猜断。如果你愿意,盖上东家和南家的牌,在下一个牌例中尝试解决西家的防守问题:

东西有局

首攻：◇K

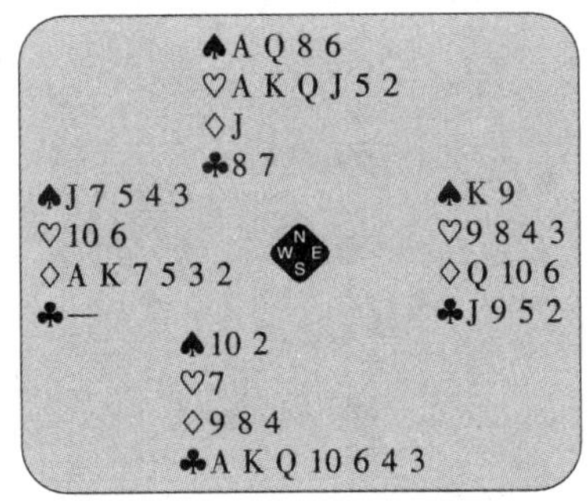


| 西 | 北 | 东 | 南 |
|---|---|---|---|
| | | | 3NT |
| 不叫 | 4◇ | 不叫 | 4♡ |
| 不叫 | 5◇ | 不叫 | 6♣ |
| 全不叫 | | | |

南家的3NT是“赌博性”的，显示一个坚固的低花套。北家的4◇是问单张，4♡表示单张。5◇是“不叫或改正”——南家持方块套就不叫，本例的情况就叫6♣。你首攻◇K，要求同伴给张数信号，同伴跟◇6。现在怎么打？

如果庄家的将牌是完全坚固的，不管你出什么，他都马上就可以摊牌了。所以你必须假设他的将牌是♣AKQ10×××，同伴有♣J×××。如果你继续打大方块让明手将吃，庄家被迫立即决定将牌怎么打。毫无疑问他会按照正常路线打牌（但这次会失败）兑现顶张大牌。

如果你打方块以外的任何牌，定约都会打成。很多防家会尝试打黑桃，但庄家将用♠A停住，打将牌到♣A，发现坏分布。他可以用红心到明手，在红心套上垫掉三个输张（你的搭档只好跟牌），然后飞将牌。也许你认为一旦你逼明手将吃，庄家会看出来应该飞将牌。如果是这样，下次你就开心了——那时你将拿着♣J！

在下一手牌中，庄家在一个危如累卵的小满贯上面临50–50的猜断。快速看一下四家的牌，看看你是否认为他在梅花首攻后能猜对。

南北有局

首攻:♣10

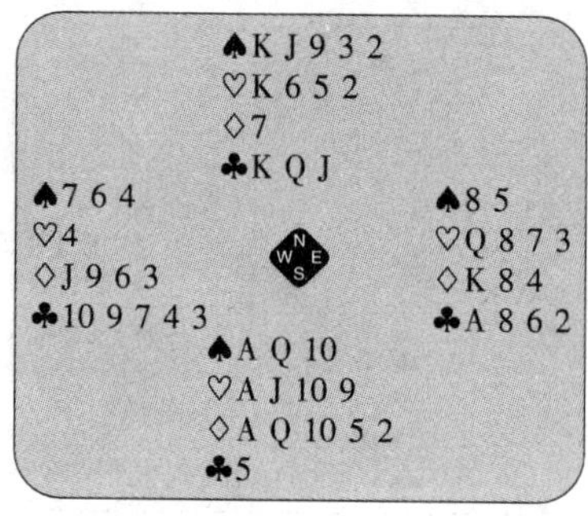


| 西 | 北 | 东 | 南 |
|---|---|---|---|
| | | | 1◇ |
| 不叫 | 1♠ | 不叫 | 2♡ |
| 不叫 | 3♣ | 不叫 | 3♠ |
| 不叫 | 4♡ | 不叫 | 6♡ |
| 全不叫 | | | |

你认为庄家能猜对吗?对抗大多数防家时,答案是:“不知道——这完全是猜,不是吗?”但在桌上,东家找到一个让庄家几乎一定猜错的办法。赢得梅花首攻后,他转攻将牌3!

庄家无法相信任何人会从Q下攻将牌。他上♡J赢得这墩之后,兑现了♡A。他看到西家告缺时的表情令人印象深刻!

## 本章课程

* 迫使庄家在还不知道是否需要时决定飞还是不飞。
* 迫使庄家在不知该垫什么的时候垫牌。
* 寻找减少庄家在将牌上的选择的办法,迫使短将牌将吃是达到这一目的的一个方法。

# 第十九章　真牌还是假牌？诚实打牌的时机

你常常可以见到庄家被迫采取一条致胜路线，除非你给他提供貌似真实的选择。在收官的一章中，我们将介绍各种通过计算知道需要防烟幕弹的情况。当你计算庄家的赢墩发现他注定会打成定约时，需要采取绝地反击的措施。幸运的是，你有很多可用的手段。

我们从信号问题开始。什么时候你应该打出诚实的信号，什么时候你要打假信号误导庄家？显然，如果你总是打真信号，庄家将轻松计算出你的牌型。同样，如果你无论何时都用信号诚实地告诉同伴你的大牌所在，庄家猜测飞哪门时将毫无困难。

话虽如此，我们仍然强烈建议你的基本哲学应该是，在任何不这样做可能导致同伴犯错误的情况下给出精确的信号。如果你无法信赖同伴的信号，同伴关系将遭到极大的破坏。当你到达必须做出至关重要决定的时刻，你总是应该把防守建立在同伴为你提供了可信信息的基础上。别的做法将使防守变成猜测，导致的错误结果让你付出的代价，远远高于庄家利用你的诚实信号能获得的优势。

这是一个值得遵循的同伴间关系规则：如果同伴可能需要精确的信息，就打诚实的信号。

有意思的是，防守满贯时精确的信号往往至关重要，但你经常会听到牌手们这样说："我不打信号是因为我不愿意泄露牌情。"我们的第一手牌将演示这一原则。很少有东家会意识到自己在防守时举足轻重：

南北有局

首攻：◇Q

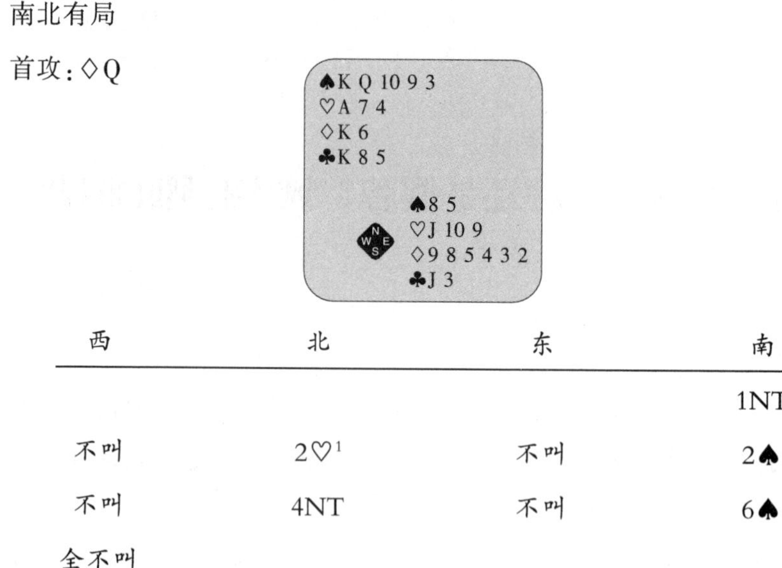


| 西 | 北 | 东 | 南 |
|---|---|---|---|
| | | | 1NT |
| 不叫 | 2♡[1] | 不叫 | 2♠ |
| 不叫 | 4NT | 不叫 | 6♠ |
| 全不叫 | | | |

1. 转移叫。

每个人对这种情况都很熟悉。你拿起东家的牌，发现自己只有两点。听到左手敌方开叫强无将，你的精神就开始迷离。敌方进入满贯进程后，你迫使自己集中精神很久后才注意到不是你首攻。然后你就回去考虑打完牌去吃什么，明天要干什么等等。

最后，敌方停止叫牌。同伴首攻◇Q，你知道你没有方块赢墩也没有将牌赢墩。如果同伴有张大牌，你的红心很重要。你别无资产，所以决定牢牢保留红心牌张。

你想到庄家如果不知道方块分布，可能会算错整手牌，所以第一墩在明手的◇K下跟◇2。庄家从明手打黑桃，你跟牌。你和同伴在第二轮将牌上都跟出。当庄家打第三轮将牌时，同伴想了一会，你的思绪飘到自己正在打什么比赛，然后是你下星期要开始做的新项目。轮到你出牌时，你垫掉◇3。也许看到了同伴垫了张红心。庄家再调一轮将牌……

同伴大概要垫掉让定约打成的梅花了。打完这副牌之后，你无疑会对他确实难以决定垫什么表示同情。整手牌是：

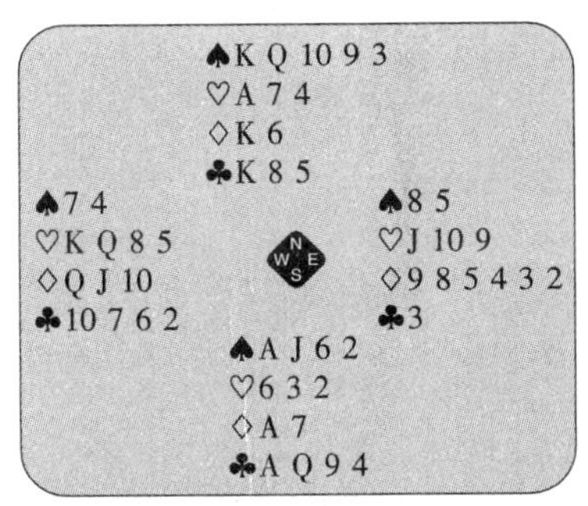


现在，考虑一下怎样才能打宕定约。首先是你的同伴持有绝大部分防守牌力，这一事实应该立即令你们敲起警钟。他需要你尽早告诉他怎么做。在第一墩你必须跟大方块给出张数信号。不要跟◇4 或◇5 让他去研究这是大还是小。跟◇8——从偶数张长度中跟第二大牌（◇9 可能会被解读为花色选择信号，你的红心也没好到那个程度）。

你的红心是手上唯一有价值的牌张，这个信息是同伴乐于听到的。庄家第二墩调将时，你跟♠8 作为花色选择信号（当你第三轮将牌垫牌时，同伴就会明白你在将牌上跟出的大-小是花色选择信号，而不是正常的将牌信号）。

庄家调第三轮将牌时，垫◇2。这个信号的精确含义取决于同伴间协定，但我们喜欢用第二和第三大牌打大-小信号（如果你能承受）来表示精确的四张。所以无论何时当同伴见看到大-小信号的第二张是最小的一张时，他就知道信号出自两张或六张。

西家打宕定约需要知道的，只有你持六张方块和红心上有些实力。现在庄家打第四轮将牌时，他可以舒服地垫掉一张方块。庄家兑现◇A 后让送一墩红心。同伴用♡Q 赢进，你跟♡J（确认有♡10），他用红心脱手给明手的♡A。庄家兑现明手最后一张将牌时，你再垫一张方块，同伴知道他可以安全地垫掉♡K。

这是最后四张牌：

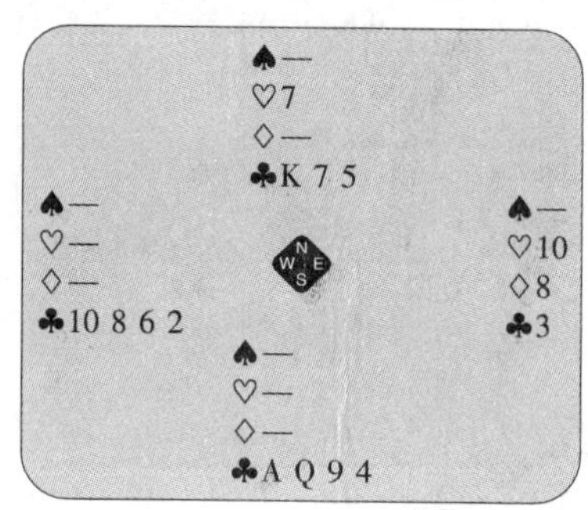


防守方将拿到第二墩,满贯宕掉了。没有你的帮助,同伴怎么会知道他除了必须暴露四张梅花外,别的都可以垫?

这并不是说防守方应该从头到尾盲目地打信号。很多时候你可以判断出信号传递的信息只对庄家有用。在上一手牌中,你必须给同伴张数信号让他知道哪门花色不用看护。庄家打一门花色时给张数信号也很有用,比如能帮助同伴了解什么时候该持 A 忍让。但很容易做过了头。的确,在某些局面下给张数信号很危险。看看这门花色:

庄家打♠A 在引黑桃到♠Q。符合概率的打法是下一轮打♠K 而不是飞牌,但机会差别不大。如果西家先跟♠8 再跟♠3,庄家可能会违背概率做成功的飞牌,特别是他知道西家是一个痴迷的打信号者时。条件允许时,庄家最好是第一轮出♠Q——这样能大大提高西家打出诚实张数信号的机会。

本章以强调精确信号重要性牌例开始,现在我们转移到用小骗招取得丰硕成果的局势上。当你知道同伴不可能做错什么的时候,你就取得了“误导执照”。也许他持♡KQJ10××和一些小牌,只需要避免垫红心,不用你告诉他这些。或者,你算出同伴没有大牌,他永远不能进手,也没有大牌需要保护。简言之,他的牌在牌型表上可以归为“无关紧要”。显然，在这些局面下，你打信号的目的除了欺骗庄家别无意义。

推论是，当你一无所有或只有一点点实力时，你必须精确地给出张数信号，特别是在打牌的早期。几乎可以肯定，同伴将做出至关重要的决定。他可能需要知道用哪门花色脱手是安全的，或者哪门花色可以垫。当你持弱牌时提供信息是生死攸关的，只有这样你的同伴才能始终做出正确决定。

比如说敌方的叫牌进程是 1NT–3NT。一个防家持一手开叫牌，另一个则几乎没有牌力。强牌的一方认为需要时可以打假牌迷惑庄家，而弱牌一方则应该给出精确的信号，至少在打牌初期如此。庄家可能知道一个防家的信号是真的，另一个是假的，但他不知道谁在撒谎。但两位防家知道是怎么回事。

在首攻时打假牌很少是对的。话虽如此，在我们刚刚讨论的情况下，即你知道同伴几乎没有实力的场合下，略施诡计不像会损失什么，但可能获得丰厚的回报：

双方无局

首攻：♡2

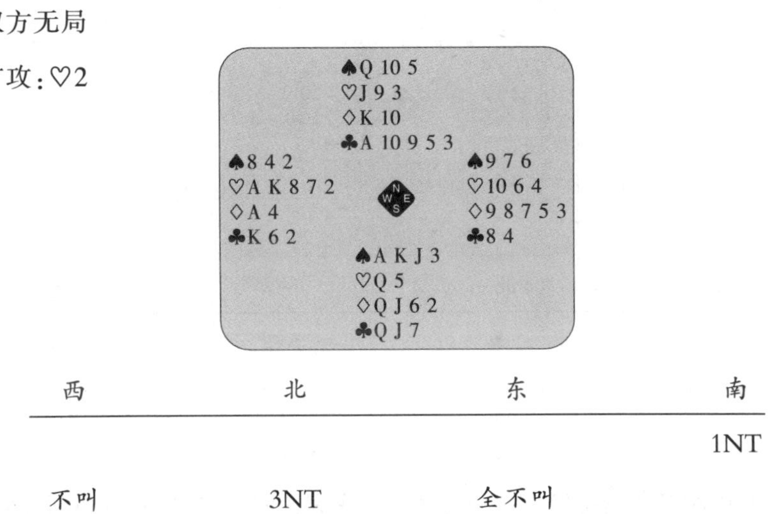


| 西 | 北 | 东 | 南 |
|---|---|---|---|
| | | | 1NT |
| 不叫 | 3NT | 全不叫 | |

南家的 1NT 是 15~17 点。作为西家，你估计同伴能有多少点？即使你们的首攻约定是长四，攻♡2 也不会损失什么。同伴被误导不是问题，他能做的只是跟出一张张小牌。从庄家的角度看看这手牌——首攻意味着红心是 4–4 分布。难道顶

出方块 A 不是一条比冒险飞梅花更好的路线吗？

如果首攻是正常的♡7，虽然也可能出自♡AK87 或♡87××，庄家也许会决定飞梅花而不打红心 4–4。最后一点值得注意的是，西家持♡AK72 首攻♡7，假装持五张套可能获利。这样的攻牌能鼓励庄家做失败的飞牌而不是顶出一个 A。当你持本方所有牌力时，首攻打假牌害了同伴的风险很小。其他情况下采取这种策略要危险得多。

正常出牌令庄家没有致败选择的防守局势很多。这里我们以“义务的”或“自动的”假牌开始。这些局面显然比所有其他的更重要。毕竟如果庄家不打错，同伴知道你有什么也没用。下面两手牌都是一位防家必须打出假牌的基本局势。两种局面下，目标都是给庄家提供致败的选择，如果防守方“正常出牌”则断无生路。

双方有局

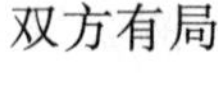
首攻：♠K

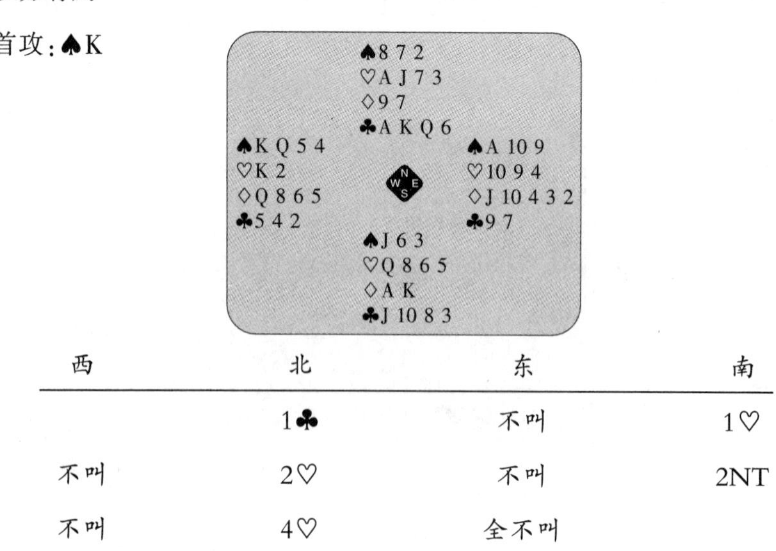


| 西 | 北 | 东 | 南 |
|---|---|---|---|
| | 1♣ | 不叫 | 1♡ |
| 不叫 | 2♡ | 不叫 | 2NT |
| 不叫 | 4♡ | 全不叫 | |

防守方兑现三墩黑桃然后用梅花脱手。庄家让明手赢进，打方块到◇K，再打红心到明手的♡J。如果东家机械地跟♡4，庄家除了兑现♡A 希望双张♡K 跌落别无选择。但如果东家在♡J 下跟♡9 或♡10，庄家打第二轮红心时就有了选择。他可能决定用◇A 回手引♡Q，试图铲下东家的♡109 双张。

这一特定的防守技俩在关键花色是将牌时更高，就像本例所示。因为庄家通常必须马上猜断如何打将牌，不能先去试探其他花色的分布。如果南北家在这手牌上叫到 3NT，防守方可能先取四墩黑桃。然后庄家赢进转攻的方块，打红心到♡J，再兑现四墩梅花。知道西家有七张黑牌，东家有五张以后，庄家打西家持双张红心就清楚些了。

我们关于这一主题第二手牌的局面，是绝大多数关于义务性假牌的文献都会写到的。虽然很多读者很熟悉了，但看看庄家能够如何迫使防守方打出诚实的信号还是值得的。虽然我们将看到的只是故事的一半。

庄家的正常打法是兑现暗手的一张大牌，如果两个防家都跟出，就打小牌到♠Q，以捉住左手的♠J9××。如果♠J9××在右手方，他永远无法得到四墩黑桃。东家可以看出将会发生什么，他唯一能使庄家偏离致胜路线的手段是——在第一轮黑桃上跟♠9。现在庄家有了一个失败的选项。他可以继续最初的计划，也可以兑现手上的另一张大牌，如果东家告缺就飞西家的♠J。

现在我们将这门花色放到整手牌中去，看看庄家如何破解这一诡计。也许有某种办法可以迫使防守方打出诚实信号。为了增加趣味，这个大满贯取决于庄家的技巧：

双方有局

首攻：◇10

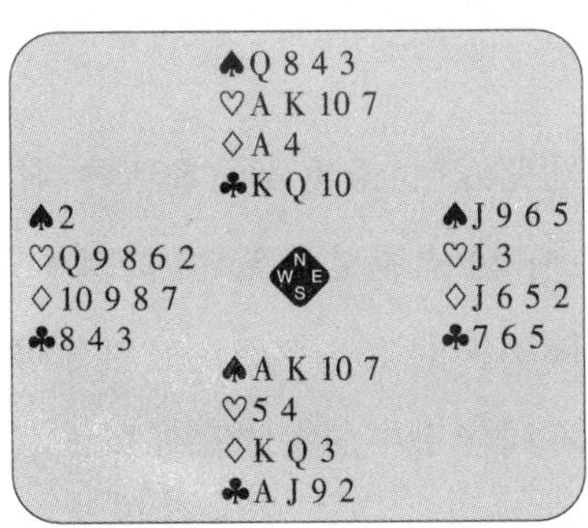

| 西 | 北 | 东 | 南 |
| --- | --- | --- | --- |
| | | | 1NT |
| 不叫 | 5NT | 不叫 | 7NT |
| 全不叫 | | | |

庄家赢得首攻后再打两轮方块，然后是四轮梅花，两个防家都在第十三张梅花上垫方块。现在庄家打♠K。如果东家跟♠5，庄家将引黑桃到♠Q，随后吃通这门花色。为什么？因为如果西家剩下♠J96，庄家不可能取四墩黑桃，但同样的持牌在东家则可以。为了给庄家一个致败的选择，东家必须在♠K 下跟♠9。庄家现在有选择了，因为他可以捉住任何一边的♠J65。兑现方块和梅花赢张后，庄家知道两个防家都持七张低花。没用迹象说明谁更像持单张黑桃。这是个猜断——庄家已经做了所有他为计算整手牌能做的事情……对吗？

完全不是。实际上，庄家自己给自己制造了困难。首先，他应该在赢得方块首攻后直接兑现四轮梅花。此时对两位防家来说，可以安全垫方块远非那么明显。如果有人垫掉高花，后续做庄就会容易些。庄家还有第二个机会——注意兑现低花后，打红心到明手引黑桃的细微差别。

第一种情况下，庄家兑现♠K 时，一个坐在东家的好手在看到同伴的♠2 后知道他必须跟♠9。而庄家从明手引黑桃时，东家从♠J9××中跟♠9 非常危险，因为他的同伴可能持单张♠10。在那样的分布下，出♠9 是唯一能让庄家打成定约的防守。如果从明手引黑桃时东家跟♠9，庄家可以假定这是个单张。如果事实上东家的♠9 来自♠J9××，庄家能做的只有恭喜东家以钢铁般的意志做出了精妙的防守。

在尝试使庄家偏离成功路线时，最重要的是巧妙。比如说，你开叫过 15~17 点的 1NT，想让庄家相信你只有 12 点是徒劳无功的，因为完全不可信。但你必须尝试让他认为你有和实际持牌不符的 15~17 点。有时你可以隐藏一张特定的大牌，然后庄家会认为另一张在你同伴手中的大牌在你那里。在其他场合，你可以尝试歪曲自己些许牌型。请注意下这个词。庄家不会相信与叫牌或早期打牌严重不符的骗术。

防止庄家得到你的准确牌型或隐藏防守方的大牌能以多种方式获利。很多看似牢不可破的定约被打宕，经常是因为防守方给庄家提供了选择。我们的下一个牌例取自欧洲青年锦标赛。请尝试从庄家的角度解决问题：

双方有局

首攻：♡7

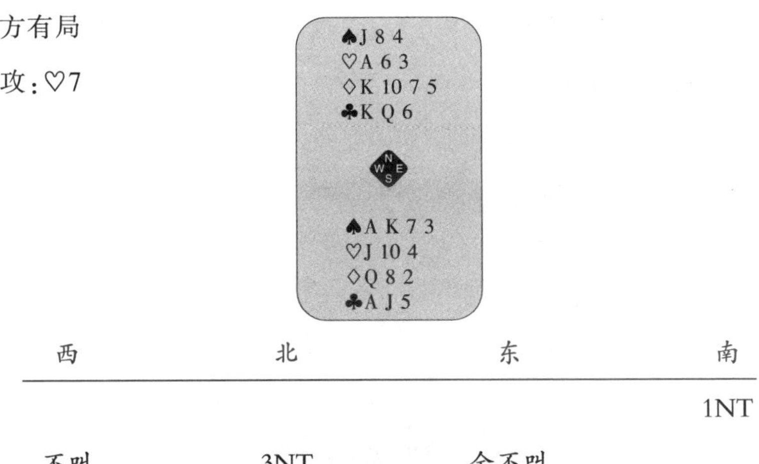


| 西 | 北 | 东 | 南 |
|---|---|---|---|
| | | | 1NT |
| 不叫 | 3NT | 全不叫 | |

红心首攻到东家的♡8 和你的♡J。算上一墩方块，你现在有了八墩，你需要第二墩方块或第三墩黑桃。红心像是 5–2 分布，所以你也必须先顶出西家的进张。你打梅花到明手引方块——♢Q 吃到。如果西家持♠Q 或黑桃 3–3 分布，你无需飞方块，所以你打黑桃到♠J，输给东家的♠Q。东家继续攻红心；你赢进第三轮红心，东家垫梅花。你兑现黑桃，西家第三轮告缺，你只好回到飞♢J 上来。但……

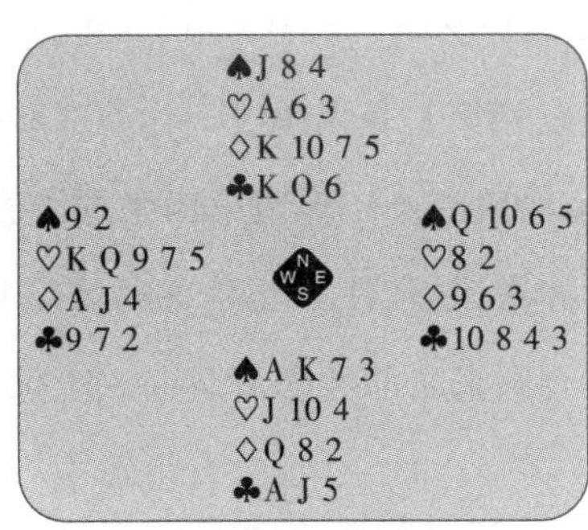

西家用◇A 赢进并兑现两墩红心。宕一！显然，只要你在◇Q 拿到之后简单打第二轮方块，定约就会超一完成。但你能诚实地说你会这么做吗？由于◇J 位置有利，西家可以算出如果他拿了◇A，庄家有九墩牌。他并不清楚持◇A 忍让会发生什么，但他知道拿了这一墩就等于投降。当然，你这样做时必须很平静。如果西家忍让时停顿哪怕是一瞬间，整个计划就失败了。

在下一个牌例中，防家知道他在干什么，也知道为什么这么做。拿起西家的牌，看看你能否躲过命运的安排：

双方有局

首攻：♠K

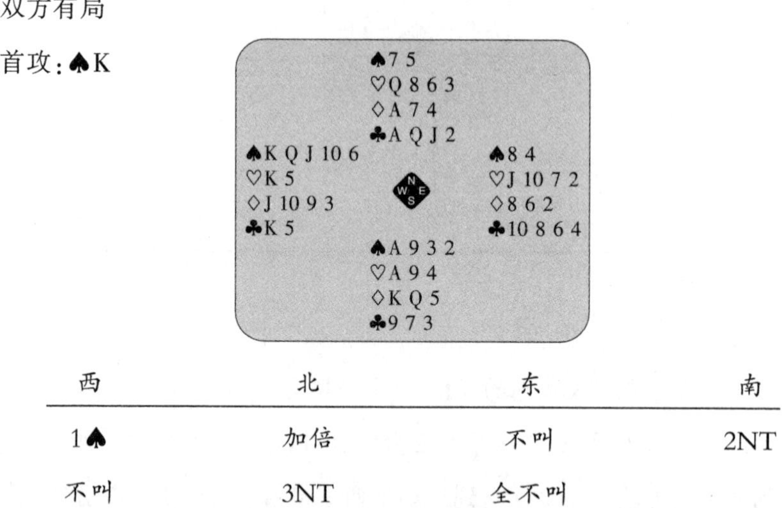


| 西 | 北 | 东 | 南 |
|---|---|---|---|
| 1♠ | 加倍 | 不叫 | 2NT |
| 不叫 | 3NT | 全不叫 | |

庄家忍让第一轮黑桃，第二轮用♠A 赢进，你的同伴跟出大-小信号。打梅花到♣Q 后，庄家用◇Q 回到暗手，打第二轮梅花到你的♣K 和明手的♣A。你能看出将要发生什么，以及你能做什么吗？

庄家计划打光低花赢张，用第三轮黑桃投入你。你能吃到四墩黑桃，但最后两张牌是♡K5，不得不给庄家两墩红心。保留第四张方块放弃一张黑桃也没有用。

摆脱这一命运的唯一办法，是使庄家相信你的牌型是 5-3-3-2，而非实际的 5-2-4-2。你必须在关键时刻到来之前考虑清楚——庄家兑现明手的♣A 时，你必须若无其事地垫小红心。

剩下的工作只是润色一下你在庄家脑海里描绘的图画。当他兑现方块赢墩时，你跟出◇10和◇J，希望庄家认定◇9在你的同伴手上，确认你的牌型是5-3-3-2。他预期你的最后四张牌是两个黑桃赢张和♡K×。他用黑桃投入你的时候，你将兑现你的黑桃赢张。然后欣赏一下第12墩你把◇9拿出来的时候庄家的表情。

作为最后的评论，值得注意的是，庄家忍让第二轮黑桃是更好的打法。这样打并无实质性的帮助，但你认为东家在第三轮黑桃上会垫什么？我们赌他会垫一张小方块。如果真是这样，庄家兑现第三轮方块时东家将告缺，彻底毁坏了你的画作。

下面两个牌例中的打法你可以称之为绝望中的反击。短暂而简单的计算告诉你，如果你像个毛绒玩具一样坐在那里，庄家将打成定约。你唯一的希望是使庄家转向，像魔术师从帽子中变出兔子那样，从稀薄的空气里变出额外的一墩。要找到这类打法你必须想象出整手牌。第一个牌例中展示有趣技巧的，是已故大师欧文·罗斯(IrvingRose)。如果你想试试自己的想象力，请坐到东家的座位上，盖上西家和南家的牌。

双方无局

首攻：♠Q

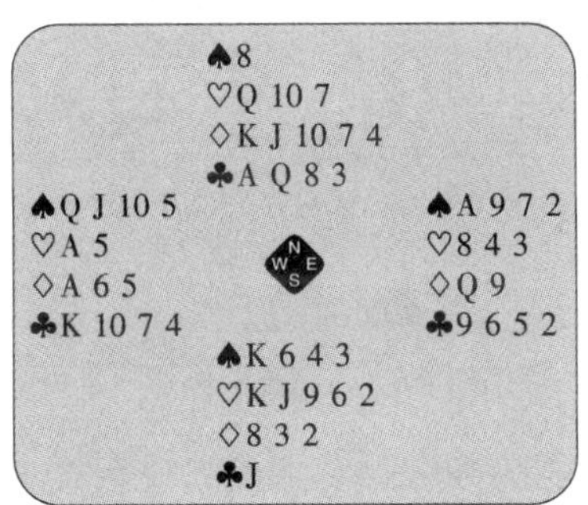


| 西 | 北 | 东 | 南 |
|---|---|---|---|
| | 1◇ | 不叫 | 1♡ |
| 加倍 | 2♡ | 2♠ | 3♡ |
| 全不叫 | | | |

在竞叫过程后，同伴首攻♠Q 到你的♠A。你准备怎么拿五墩？

首攻定位了庄家持有♠K，他的红心至少有一张大牌。计算你们的潜在防守赢墩，很难看出除了已经拿到的黑桃，同伴假定的将牌赢墩和可能的两墩方块外，还能有什么赢墩。但玩一会“如果……会怎样”的游戏，也许会找到拿第五墩的办法。

我们从“如果同伴的将牌大牌是♡A 会怎样？”开始，然后问自己“庄家会有三张方块吗？”显然，两者都是可能的。如果实际分布是这样，你用♠A 赢进第一墩后，马上回攻◇9 会发生什么？

看看整手牌，从庄家的角度考虑一下。西家用◇A 赢进第二墩再回攻这门花色，你会打小牌吗？难道你不认为东家会将吃第二轮方块？看起来你的唯一机会是西家没有♡A，或者东家只有两张将牌。但这次东家的◇Q 吃到，打将牌给他的搭档进手后，现在得到方块将吃，刚刚还看似铁牌的定约被打宕了一墩。技术上值得一提的是，东家应该引♡8 给同伴进手。这是个清楚的将牌回声信号，告诉同伴自己要求将吃方块。

我们的第二个牌例是已故的维克多·莫洛创作的。拿起东家的牌，看看你能否像莫洛笔下丑陋的公猪那样找到致胜的防守路线及其理由：

双方有局

首攻：♡Q

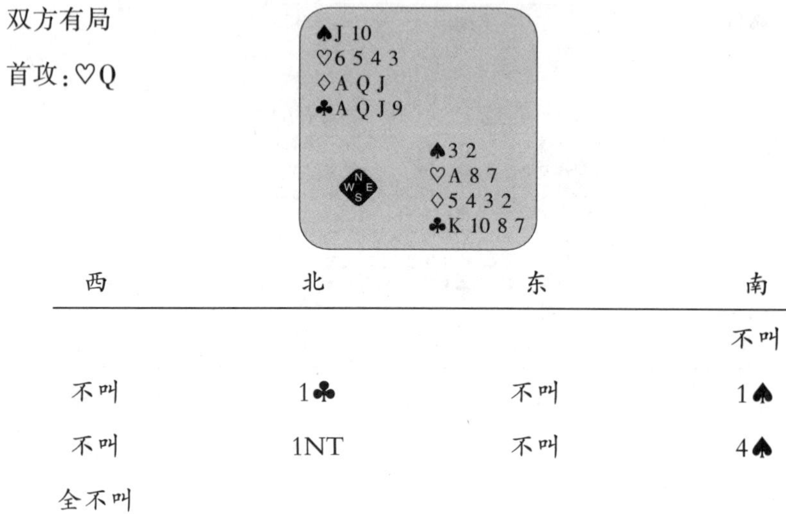


| 西 | 北 | 东 | 南 |
|---|---|---|---|
| | | | 不叫 |
| 不叫 | 1♣ | 不叫 | 1♠ |
| 不叫 | 1NT | 不叫 | 4♠ |
| 全不叫 | | | |

你用♡A 赢进，庄家跟♡10。现在怎么打？

你已经拿了一墩，预期还能吃到♣K。南家起初不叫，随后跳叫到局暗示他持有缺少一个大牌的六或七张套，所以你可以假定同伴能拿一墩将牌，这样你们有三墩牌。但取得第四墩的前景非常黯淡。你们打宕定约的唯一机会是获得将吃——但是在哪门花色上呢？

特立独行的公猪回攻梅花——确切地讲是♣10。看看整手牌，从庄家的角度考虑一下：

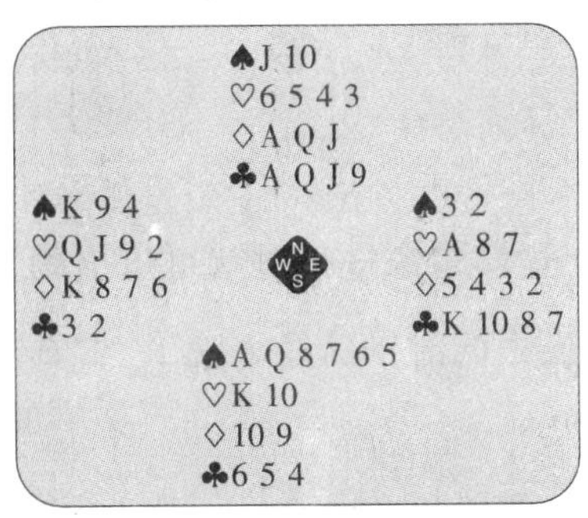


红心首攻到东家的♡A，然后是♣10。明手赢进后引♠J 飞失给西家的♠K，西家回出第二张梅花。看起来东家的♣10 出自短套，但庄家能承受输一墩梅花将吃——然后他赢进回攻，调将，重复梅花飞牌垫调方块输张。但他承受不起♣A 被将吃。所以庄家让明手跟小，输给东家的♣K，然后西家获得一次将吃！东家的防守确实非常机智，实际上绝大多数庄家肯定会落入陷阱。

这些牌例说明当计算表明明显的防守赢墩不足以打宕定约时，你必须想办法诱导庄家采取失败的路线。在打假牌描绘一幅关于自己持牌的虚假图像这一主题的最后几个牌例中，我们集中于那些偶尔出现的情况：致胜防守路线是故意误导同伴。我们的第一个牌例取自 1993 年威尼斯杯——女子世界队式锦标赛。英国队的西家看到的红心局面是：

明手

♡Q

♡A 9 8 5 3

西家对 3NT 首攻♡5,她在红心之外别无进张。第一墩东家的♡K 盖上明手的♡Q,庄家跟♡2。东家回攻♡6,庄家出♡10。你怎么办?

在桌上,西家并非不合理地决定打这门花色如下分布:

西家决定忍让♡10,这样东家进手时就可以引剩下的那张红心穿梭庄家的♡J×。不幸的是,东家能进手的时候已经太晚了。“真糟糕”,你可能会想——但实际的红心分布是:

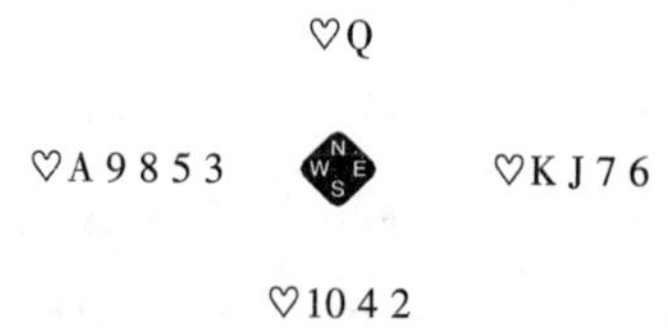


注意庄家第二墩警醒地打出♡10,正如老马库斯夫人(Rixi Markus)说的:“如果你准备忍让,就跟大牌忍让。”

很多牌手牌手会犯东家的错误。毕竟我们所有人在初学者时期养成的老习惯是,从剩下的两张牌中回较大的一张,从最初的四张套中回最小的一张。但在这个牌例中,回♡J 永远不会错。虽然起初会误导同伴你的持牌情况,但当她发现自己上当的时候已经来不及犯错。

我们的最后一个牌例中,正确的防守需要东家富有远见地认识到他必须骗自己的同伴。这手牌来自 1997 年威尼斯国际队式赛。不走运的庄家是波兰的茨萨雷·巴里奇(Cezary Balicki),意大利的马西莫·兰扎洛蒂(Massimo Lanzarotti)持东家的牌。

双方有局

首攻:♠2

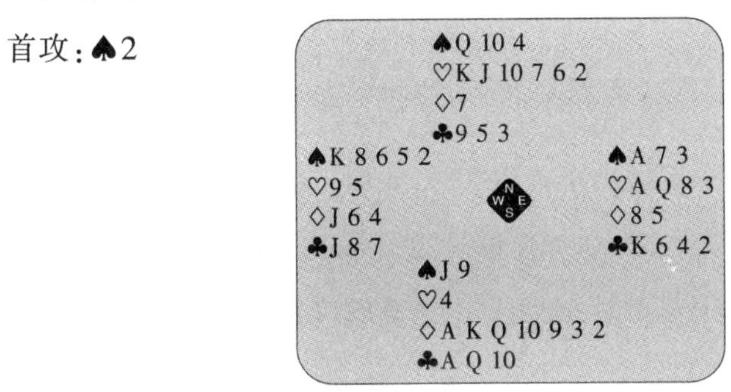


| 西 | 北 | 东 | 南 |
|---|---|---|---|
| | 2◇ | 不叫 | 2NT |
| 不叫 | 3♡ | 不叫 | 3NT |
| 全不叫 | | | |

北家的 2◇是多义开叫,表示任何一个高花弱二或几种强牌。南家的 2NT 是问叫,3♡表示低限红心弱二。

东西家的攻牌约定是长三或长五,所以东家从首攻的♠2 中知道同伴持五张黑桃。明手出♠10,双明手的情况下不难看出防守方如何得五墩。但在实战中不那么容易。你能看出东家如果迫使他的同伴做出致胜防御吗?

如果东家第一墩忍让,庄家简单飞方块就有九墩。如果他赢进后“正确地”回攻标准的♠7,难道西家不是很像会忍让以保持联通吗?♠A 赢进后转攻方块也不行——庄家赢进后兑现所有方块赢墩再以♠J 脱手,不管哪个防家赢得这墩黑桃都必须给庄家第九墩。

在桌上,兰扎洛蒂发现了唯一肯定能打宕定约的防守。他♠A 得后回♠3!看到黑桃没有前途(同伴显然只有两张黑桃),西家♠K 拿后转攻红心。东家的♡Q 和♡A 取得两墩后,用方块脱手,让庄家在第 12 墩从◇AQ 中出牌。宕一!

兰扎洛蒂的防守想象力惊人。他必须想象出整手牌,二十四张看不到的牌,然后为了迫使同伴打出致胜防御,承担起“欺骗”他的责任。精美绝伦!

## 本章课程

* 同伴需要你传递信息以做出正确防守时,要给出精确的信号。
* 当你持有所有防守实力时,认为你像是能误导庄家就可以随意打信号。
* 当同伴持有所有防守实力时,必须打出精确的信号。
* 防御无将定约时,如果你持有防守方的长套,即便可能让庄家拿到原本拿不到的一墩,也要保护你的进张。
* 在义务性假牌局势下,给庄家致败选择优先于任何向同伴传递信息的要求。
* 如果计算庄家的大牌和牌型得知正常防守无法打宕定约时,尝试创造一幅逼真但虚假的防守方持牌图景给庄家,希望能引导庄家采取致败的路线。
* 当你试图用假牌制造虚假牌情时,你必须描绘一幅可信的图景。
* 别给庄家看你的牌!